綿綿的餐桌：

府城米食文化

U0023746

邱睦容、鄭安佑 著

目次

Contents

局長序
讓文化接地氣

　　「米食」係民生問題，也是經濟、政治問題，更是社會、文化議題，大臺南自古就是臺灣的重要糧倉，而由「米食」所拓衍出來的街市空間、日常飲食、歲時節慶、生命禮俗與宗教祭祀等等層面，多元而精采，為此，「大臺南文化叢書」第八輯即以「大臺南米食文化」為專題，邀請「古都保存再生文教基金會」鄭安佑先生、邱睦容小姐和前聯合報記者謝玲玉小姐，分別進行府城與南瀛米食的研究與撰述，鉅細靡遺、面面俱到地論述米食文化，相當接地氣，也相當有在地感。張耘書小姐的《府城米糕栫研究》，則以踏實的田調研究法，詳細報導臺南(也是全國)唯二製作「米糕栫」的店家及其製作方法，豐富大臺南的米食文化。

　　此外，延續「大臺南文化叢書」風格，除了專題之外，也增加時事或重要議題研究，本輯新增《臺南都市原住民》、《臺南鳥文化》等二書，分別邀請記者曹婷婷小姐、鳥類研究達人李進裕老師執筆。「都市原住民」討論 16 個原住民族群落腳大臺南的沿革、歷程與長遠發展，讓隱身於「臺南都市」的原民朋友現身說法，找到定位；而「鳥文化」則以文化的角度，重新觀察黑面琵鷺、菱角鳥、黑腹燕鷗等等各種鳥類在臺南土

地的生態、藝術與文學意趣，這是一個全新的議題，只有大臺南擁有這樣的鳥資源與生態文化。

　　因應新文化政策，「大臺南文化叢書」將朝向更活潑、更多元，也更具廣度與深度方向規劃，因此，從第九輯起我們將不再預設專題，而由各個文化領域的研究者挑選具前瞻性與挑戰性的研究議題，邀請專家學者進行相關研究，開啟另一扇文化之窗。

臺南市政府文化局局長

作者序
「看見」的街景

　　接觸米糧議題，大概是從 2015 年開始，因執行「臺南市舊城區常民生活米糧相關文化資產調查計畫」，與十多位志工開始沿街逐巷地尋找米糧行，以古地圖套疊 Google Map，展開了在日常生活範圍的尋寶之旅。參與者包含我在內，大多是未滿三十歲的青年世代，也是鮮少有米行記憶的一代，沒有童年聽著碾米機嘎嘎聲運轉的經驗，也不曾走進一間米行秤斤論兩地買米，儘管街角還是有些米糧行忙進忙出，卻很難成為被「看見」的街景。

　　「米業的興盛時期，臺南約有五百間米店。那是還沒有大賣場的時候，『家庭代工廠』盛行，人人都在家裡從事加工業，工作、吃飯都在家裡，因此吃米的量很大。週一到週五，整條路上都像空城一樣，路上只有送米和送瓦斯的人，沒有其他人車。」

　　從許多老闆的口中，未曾參與的、城市與米糧的過去開始一一浮現：米是如何坐著火車來到臺南市區，牛曾是載米的重要夥伴，臺南的米原來不可以越區到高雄賣，米糧業又是如何

興起與沒落⋯⋯⋯⋯。除了透過口訪回溯課本上沒教、長輩也不會主動去說的城市記憶，也運用地理資訊系統（GIS）還原清末臺灣府城內與米有關的空間，曾經有過一條麻糬巷、茯苓膏街、米街、米粉埔，聽起來可口的地名；又，原來到了1995年，府城周圍內的米糧行數量，比今天同一範圍內的7-11還要多！這些「發現」逐漸建構起概念中模糊的府城米糧輪廓。在這本書裡，除了市區米糧行，也加上了來自產地碾米廠、大賣（tuā-bē，大盤商）、米食小吃從業者的說法，於是可以看見農業機具的演進、社會環境結構的變化、國際政治情勢的影響，是如何具體而微地推移了生活的街景。

　　過往對於米的關注，較側重糧食與農業的大面向討論，近年來則以「飲食品味」之姿逐漸受人注目，但把米放回空間，每個地方的米糧行、碾米廠，介於生產與消費兩端，乘載著屬於各地的米糧記憶。家在屏東開設碾米廠的第二代告訴我，家鄉碾米廠的消失，來自於當地逐漸不種稻，因此無米可收；在後壁專門為庄頭服務的碾米廠，與在臺南市區進糙米來碾製與販售的米糧行，其消失與遷移也都有著不一樣的原因。以空間為引，由米糧行出發，看見米糧與當地百年來的變與不變。臺灣是米的國度，從鄉鎮到市區，都曾有米糧行、碾米廠的存在，或許這正是一種回頭認識地方的方法。

　　衷心期待這本書與姊妹作《流轉的街道：府城米糧研究》

能夠為米糧的歷史架起一個初步的布景，往後透過米，我們能
與上一輩、下一代說起更多的故事。找一間米行上門買米吧！
與老經驗的頭家們討教幾招煮飯的方法、嘗試幾種不同地方與
品種的米，讓米糧行重新回到我們的生活裡。

作者序
猶來者之視今：
佇這個城市徛起

　　這本書和系列叢書中的另一本《流轉的街道：府城米糧研究》，是以財團法人古都保存再生文教基金會（以下簡稱「古都」）在 2015 年到 2017 年間所執行的「臺南市舊城區常民生活米糧相關文化資產調查計畫」為基礎，所延伸的一項成果。對於臺南市「常民生活」的關注，主要有兩個脈絡，一個是我在國立成功大學建築學系徐明福榮譽教授和吳秉聲教授研究室所參與和從事的建築史、聚落相關研究，另一個就是古都成立廿年來所累積的調查人力能量和經驗。

　　臺灣的建築史和聚落研究有其獨特的路徑，我們的建築史一方面有藝術史的本質，這主要是西方世界的譜系，將「建築」視為一種藝術，透過藝術史的視野來觀看、理解「建築」。但是在臺灣，建築史相關的研究也很快地與更廣大的社會文化環境結合，從所謂「測繪和表象的描述」，進到對更廣大的人文、社會、歷史面向的關懷和追問，於是「建築」的定義被擴大了。一方面，建築史學界透過公共、紀念性建築敘述了政治經濟史式的故事，提供我們一個認知建成環境的架構；另一方面，在民宅、所謂「沒有建築師的建築」中，細緻地再現了諸如傳統漢人社會文化、現代化變遷等等課題中的變化與不變。

國立成功大學建築學系傅朝卿名譽教授（2019）在最近出
版的《圖說臺灣建築文化史》第 21 章〈臺灣文化本體性作為
一種反作用力〉中，就以日治時期漢人住宅、街屋以及墳墓為
例，在諸如「應用新材料與新元素的傳統合院」、「從前洋後
閩到外洋內閩的合院住宅」、「西方量體與傳統空間及裝飾
元素的結合」、「臺灣特色的新街屋」、「堅持傳統與從傳
統出發的墳墓」等主題裡，介紹了當時「從傳統出發的新住
宅」。[1] 在藝術史式的呈現上，實則指出臺灣建築中的「主體
性（Taiwaneseness）」的浮現。[2]

在建築史學界，關於「沒有建築師的建築」的另一類研究
就是所謂的聚落研究，主要是鄉村地區的村庄。[3] 臺灣建築史

1　傅朝卿，《圖說臺灣建築文化史》（臺南：臺灣建築史學會，2019），
　　頁 561-588。如果從傅朝卿名譽教授在 2007 年的文章 'Taiwaneseness in
　　Japanese Period Architecture in Taiwan'（Chao-Ching Fu, "Taiwaneseness in
　　Japanese Period Architecture in Taiwan", *Refracted Modernity- Visual Culture
　　and Identity in Colonial Taiwan*. Honolulu: University of Hawa;'I Press, 2007.
　　pp.169-192）可以更清楚地看到這一銜接藝術史與歷史社會文化研究的表
　　現。該文收錄 Refracted Modernity- Visual Culture and Identity in Colonial
　　Taiwan 論文集中，建築與其他包括繪畫、工藝等藝術表現形式並列，但同
　　樣指向了視覺文化中體現殖民時期逐漸形成的臺灣主體性。這種主體性可
　　能包含了折射的、混雜的、引介的、後進的現代性，但正是這種種隱含在
　　臺灣人各種實踐中的本質，構成「臺灣」作為一個主體的可能性。
2　Chao-Ching Fu, *A History of Modern Architecture in Taiwan* （Tainan:
　　Architectural Institute of Taiwan, 2013）, pp. 82-101.
3　聚落研究在臺灣主要有三種取向，地理學、民族學，和建築史（施添福，
　　〈臺灣聚落研究及其史料分類〉，《臺灣史與臺灣史料》，（臺北：自立

學界的鄉村聚落研究能自成一傳統，一則在於發揮運用實體史料、轉譯匠師知識等建築專業，一則更在於眾多學者對於鄉村聚落的本質提出了「建築史式的理解」。許多研究展現了關於「（相對於現代的）傳統社會文化環境如何體現在建成環境中」。[4] 70 年代中葉建築取向的聚落研究開始發展，初期集中於漢人傳統宅第個案，同樣地，也比較側重藝術史式的詮釋和論述。80 年代逐漸擴及原住民部落、日治時期建築、地方性聚落。90 年代建築史學界開始提出更完整的聚落研究架構。

　　在上述提到的「聚落研究」的架構中，「維生的社會經濟」是在「臺南市舊城區常民生活米糧相關文化資產調查計畫」，同時也是本書和《流轉的街道：府城米糧研究》特別關注的面向。我們想看見當代、一般市民的日常生活，「我們」如何在這座城市裡生存、生活。從這些真實而細微的事情裡，可能看到能視為臺南「常民生活文化」的實質內涵。

晚報文化出版部，1993。）頁 131-184）。地理學的關懷是從聚落分佈型態所反映出的各地理區區域性。對民族學者而言，聚落則是研究地方社會組織形式不可忽略的面向。例如前者以集、散、單路村分類村落，後者以一姓、主姓、多姓、雜姓村分類，這就反映研究取向間的差異。

4　鄭安佑、吳秉聲、徐明福，〈現代化過程中「社會經濟—都市空間」的謀生景致—以 1934 年臺南市末廣町路、本町路與米街為例〉，《建築學報》105（臺灣建築學會，2018），頁 93-118。這些鄉村聚落研究諸如徐明福老師及其學生在新竹新埔、北埔地區、臺南地區、澎湖及金門等漢人及原住民聚落，林會承老師在澎湖地區所進行的一系列研究。

從研究室出發、在城市中移動、往復於基金會和街廓巷弄中。在古都，我們透過普查、填寫調查票、訪談、繪製地圖等等方式來盡量看到，如果有一種「臺南的米糧文化」，她可能是什麼，可以是什麼。她的「臺南點」應當出現在臺南人的日常生活中，應當由對此地生活有感的人去找到。於是這不會是一個學校圍牆裡的計畫，這些調查唯有志工的參與才可能達成，而像古都這樣的第三部門、非政府組織，是一個適切的，聚集的場域。

古都基金會在臺南各界對於文化資產與城鄉環境的重視下，成立於 1999 年。對於文化資產的保存與發展，從點擴及到面、從靜態保存擴及到動態的再生與活用，朝向一個臺南獨特的城鄉環境與文化。廿年來持續與公部門、學界、業界合作，進行臺南縣市各類文化資產或相關資源的普查。這些普查，以及古都多年來對於建成環境的關懷行動，例如 2008 年開始進行的「老屋欣力」運動、老屋學校課程、2012 年的「欣府城，好生活」展覽等等，古都逐漸累積出一股能量、具技術的人力、以及讓志工願意加入網絡一起參與的人氣。

在這樣的基礎上，「臺南市舊城區常民生活米糧相關文化資產調查計畫」總共有 21 位志工參與（名單詳見謝誌），總共調查了 47 個里、填具了 182 份店家調查票、訪談 51 間店家、拍攝 1,073 張影像、9 部影片，許多場米糧文化資產導覽，並

圖1：古都「常民生活」計畫志工調查的情況。
說明：志工的參與是「常民生活」計畫最重要的部分，透過參與調查，將自己與歷史和空間有所連結。

圖2：「常民生活」的調查對象與老房子的結合。
說明：「老屋欣力」也是由古都基金會指出城市中值得關注的事情。

圖3：古都「常民生活」計畫志工調查的情況。
說明：透過志工的調查，很多當下生活的真實細節得以被記錄下來。「錢龜」來自「乞龜」的傳統，店家亦製作以米為原料的「米包龜」。

且用地理資訊系統整合了這些調查記錄。非常感謝這些志工，也是「臺南米糧文化」主體性之所從來。

2017 年之後，我們擴大了這個計畫，以「臺南市常民生活文化研究與實踐」的架構，持續進行中西藥行，以及刻正進行的織品相關普查。米糧的調查成果，古都也以「能夠真的走進米店」為目標，出版了一本《府城米糧學習帳》。調查結束只是更長期的工作的開始，這點我想在本系列叢書的寫作出版上也是一樣的。

最後特別感謝本書作者邱睦容小姐。雖說無基金會、無志工則無得以完成調查，但是如果沒有邱睦容小姐對於調查工作職人規格的投入和帶領、對於臺南米糧文化的持續採訪、思考和真愛，那麼不管是調查計畫或是這幾本書，都不會如此好地進行。本書若讀來耳目一新或令人欣喜，都要歸功於上述的團體、個人、大家。至於闕漏錯誤或不盡之處，說文責在我是太過客套，不過確實還請給我們更多指教。

2019.13-2

第一章

前言：米行與米食

　　關於「米糧文化」，在本書和《流轉的街道：府城米糧研究》裡我們大略將故事分成兩部分，米作為一種商品，和米作為一種食材。在前者，關於米糧和米行，我們談的主要是從稻穀種植、加工精米、運輸倉儲、貿易消費的流程。在這兩本書裡我們介紹了這個流程在清領、日治、戰後不同時期的變化，以及在臺南市原來臺灣府城的大致範圍裡，與這個流程有關的都市空間，包括在前述「臺南市舊城區常民生活米糧相關文化資產調查計畫」以及後續本書、《流轉的街道：府城米糧研究》中訪問調查的米行。在後者，則是以米食為主。米作為臺灣人的主食，米飯、米做的點心是日常生活的，然而許多的米製品以及更廣義的糕餅製品，是屬於節慶儀俗、生命大事的。她是日常飲食，也是更具象徵意義的精神糧食。我們從這兩部分的故事，呈現從執行「臺南市舊城區常民生活米糧相關文化資產調查計畫」的 2015 年到本書寫作的 2019 年現在，臺南市的米食景致。

　　在第一章的這裡，我們想先說說從這些調查採訪裡所看到的臺南米食景致，關於從事這些營生活動的人們的故事。是的，仍然與前述的「維生的社會經濟」面向有關。政治學學者

圖 4：小南天番薯崎附近的正豐碾米所。

圖 5：由普濟殿本廟邊角黃師傅介紹米糕栫。

圖 6：傳統行業的現代經營。

圖 7：以「米糧」為主題，在城市空間中走覽。

吳叡人（2016）曾提出臺灣的重層歷史結構，也就是所謂，斷裂的政治史，以及連續的社會史。[1] 在政治史上，臺灣這塊土地上很鮮明地有許多不同政權更迭來去。這使得我們，正好銜接了傳統中國「正史」的朝代史的認知架構，並且將政權與所謂的「道統」連結起來。政權更迭所帶來的社會文化結構變遷是很明顯，「朝代感」很重的。就像在解嚴之後，臺灣史漸成顯學，以建築史來說，1981 年文化建設委員會的成立以及其後對於古蹟的分級，也促成了對臺灣史的研究。[2] 前述我們提過的臺灣聚落研究，也就透過研究都市的空間變遷，體現了日治時期「現代化過程中變遷的社會文化環境如何體現在建成環境中」。[3]

然而，在常民生活裡，我們看到更多的是社會史中某些本質上的「連續和不變」。以米糧為例，在臺灣各地，對於「一斗」應該換算多少斤其實是因地而異的，這樣的差異自有其歷史因素。就像我們會以「坪」來作為計算房屋面積的單位，而不是幾塊榻榻米或多少平方公尺。我們可以看到變化，許多投

1 吳叡人，〈黑潮論〉，《受困的思想 臺灣重返世界》，新北市：衛城出版，2016，頁 323-343。
2 許雪姬，〈臺灣史研究三部曲：由鮮學經顯學到險學〉，《思想》16（臺北：聯經，2010/7），頁 71-100。
3 鄭安佑等，〈現代化過程中「社會經濟—都市空間」的謀生景致—以 1934 年臺南市末廣町路、本町路與米街為例〉，頁 96。

身於此的人努力地回應一個總體社會結構尺度的變遷，制度、市場、技術等等的變化。不過在更深層的本質上，這種個人、家庭為了存續而日夜投入，在這座城市中謀生的形象，不論在哪個時代都是一致的。我們都為了一樣的事操勞、憂慮、試圖抓住機會，甚至機關算盡。這些歷史都積澱在城市的空間中，在一間間的房子裡，像是曾住在新美街，也就是米街的詩人白萩（1972）所寫的：[4]

> 有時候你會停足，回頭觀望
> 站在腸道的新美街上
> 家是可怖的胃臟
> 已將你的生命消化

不過我們無意在像是下述的脈絡來看待「臺南常民文化」，正如文化資產保存中盡可能避免所謂「鄉愁式」的保存，我們盡量不在所謂「傳統的逐漸消失」、不在常聽到所謂的「夕陽產業」、所謂的「老行業凋零」這樣的看法下開始思考「臺南常民文化」的內涵。而比較是先透過大家的參與、藉由調查看見一個比較整體的實質內容。當看到上述的連續和不變，看到許多人努力的身影時，似乎有另一種比較不疾不徐，就是這

4　白萩，《香頌》（臺北：笠詩刊社，1972），頁37。

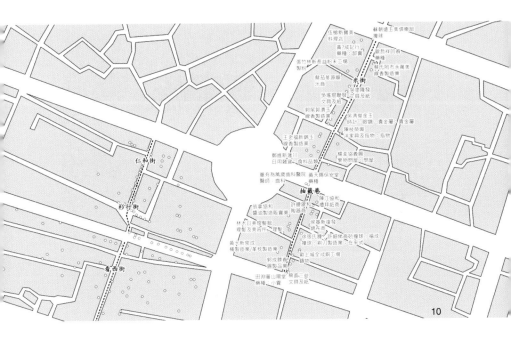

圖 8：新美街街景。
說明：新美街上的傳統行業。

圖 9：新美街街景。
說明：2019 年的新美街，也有新的行業進駐。

圖 10：日昭和 9 年（1934）臺南市米街、抽籤巷、仁和街、杉行街、看西街經濟活動。（資料來源：鄭安佑等，2018。）

座城市中人們生命節奏的事情慢慢顯現。

府城人的無所好，唯好吃點心而已

石萬壽教授（1980）在他的〈臺南府城的行郊特產點心〉中對府城的點心留下了豐富的紀錄。[5] 這篇文章的副標題是「私修臺南市志稿經濟篇」。能將點心放進了府城行郊經營、工商變化的脈絡中，不愧是「筆者無所好，唯好吃點心而已」。而此一安排，也表現了一個地方的點心、特產雖然只是微物的小史，但與一個更大的時空環境、自然地理、社會文化都有著緊密的關係，構成了居住在這裡的我們的日常生活。

那麼石萬壽教授整理了些什麼與米有關係的食物？他分成了「特產」和「點心」兩類，「特產」裡，雪片糕是府城著名的糕點，「用將糯米磨成粉，加水和細糖、桂花油混合搓揉成團，輾成如雪片一樣薄的薄片，疊成多層，放入蒸籠中蒸熟，切成長方形出售……今已少見。」其他的糕餅還有蒜香枝、胡椒餅，和習俗嫁娶時的禮餅。

至於「點心」就更多樣了，所謂點心，是「點於空心，是在正餐之外所吃的精緻食品，以品嘗風味，略止飢渴。」石萬

5　石萬壽，〈臺南府城的行郊特產點心──私修臺南市志稿經濟篇〉，《臺灣文獻》31：4（南投：國史館臺灣文獻館，1980），頁 87-91。

壽教授依名稱和主要材料的不同，分出了七大類，分別是米食、麵食、甜食、鮮魚、海鮮、豬肉、雞鴨。其中米類又分為七種。第一種是「米糕、筒仔米糕、油飯、紅蟳米糕」，用糯米蒸熟而成，有民家自作、或筵席菜色、又或者是周歲喜慶之用。第二種是「菜粽、糯米腸」，主要使用糯米和花生，是比較大眾化的食品。第三種是「肉粽、鹼粽」，端午節必備食品，不過據石萬壽教授說法，後者不常見，銷路也不佳。

「狀元粿」是第四種，使用磨好的在來米粉，入模蒸熟，口味有鹹有甜，多半是流動攤販販售。第五種是「炒米粉」，米粉原料是在來米，而米粉又是比方說鱔魚麵的主要材料之一。第六種「鼎邊趖」的原料是在來米漿，將米漿沿著燒有熱湯的大鼎慢慢澆下去，形成一層薄薄的粿。這個澆的動作，就俗稱趖（sô）。最後一種是「碗粿、芋粿、鹹粿煎」，粿是將各種米加水磨成米漿，入蒸籠蒸煮而成。蒸粿是過年必備應節食品。

點心中的「麵食」則分成四種，首先是「炒油麵、意麵、麵線」，油麵是麵團加入鹼粉和黃色色素，搓揉後切成細條煮熟。意麵則是麵團調入蛋黃。意麵入油鍋炸成油炸意麵，煮熟後就是炒意麵的原料。麵線是白麵團拉成細長條曬乾，是豬腳麵線的材料，如果略為油炸，就是當歸鴨所用的褐色麵線。

第二種是「担仔麵」，也就是肉燥麵，始於清末。担仔麵

攤子上掛著的小燈籠，便是沿襲舊慣。第三種是「魯麵、八寶麵」，前者是府城人家有喜事常見的點心，配著炸翠扁魚、豬肉焿、香菇、肉燥、紅蘿蔔角、白蘿蔔角、金針葉、蛋花、筍絲、木耳、蝦仁、烏醋、蒜漿、芫荽。後者則是招待遠客的點心，八寶是麵或米粉加上瘦肉片、花枝、魚丸、蝦丸、豬肚片、雞腱花、蝦仁。最後一種「冬粉、豆簽、豆仔湯」都是豆類製品。

在米類和麵類之外，其他分類中也還有許多由米做成的點心。甜食類首先就是「甜米糕、米糕糜、九層粿」，都是用糯米做成，其中九層粿是將糯米漿分別加黑糖、黃糖、白糖等，順序倒入蒸籠，形成由暗褐色到淡黃色的層次，再切成菱形，是府城比較著名的甜點。「湯圓、鹹圓仔湯」也是由糯米為原料，湯圓是冬至應節食品，也就是甜湯圓。而鹹圓仔湯，則是所謂的鹹湯圓。「麻糬、白糖粿」用糯米製成，後者是將未包糖的麻糬拉長略捲，放入油鍋炸熟再滾上白糖。「油炸粿、圈仔粿」則都是麵粉製的甜食，油炸粿，就是油條，可以配米奶或鹹粥一起吃食。

「鹹粥」就是屬於分類中「鮮魚類」的點心，是在飯湯中加入佐料。府城的鹹粥有虱目魚和土魠魚兩種。另外米粉也是「皮刀魚米粉、烏魚米粉、鱔魚米粉」，海鮮類「小管米粉」的原料。海鮮類的「蝦仁肉丸」，肉丸原料同時包括蓬萊米磨粉加水的稠糊和糯米漿。不過炸肉丸就不用糯米漿而是甘藷

粉。

　　上述不擇其細的摘要了石萬壽教授記錄的府城米食、麵
食，除了食材之外，在這裡面還有兩件事是特別與府城的城
市空間和生活相關，那就是這些食物作為節慶或生命禮俗的角
色，還有某些種類的點心，會特別集中在城市的某條街巷。於
是，飲食的經驗與日常生活還有生命階段，與我們在居家中行
禮如儀的飲食，與我們在城市中行走的經驗可以緊密結合，用
味覺去記住這些事情。

大語種中的小國家，也是世界中的臺灣、臺南

　　與上述石萬壽教授的文章同樣寫作於 1980 年代，漢聲雜
誌社在 1982 年出版的《漢聲記憶叢書 中國米食》可以說部分
記錄了臺灣米食的另外一個面向。[6] 該書首先以季節和節日分
別，次將米食食譜分為「米粒篇」和「粿粉篇」，米粒篇包括
了飯糰類、粽子類、炒飯類、蒸煮飯類、燴飯類、米菜點心類、
粥類、入藥粥類、焦米類、餿米類。粿粉篇包括了年糕類、糕
粿類、米條、米片、蒸粉類、米漿類。單單從目錄就可以看到

6　漢聲文化，《漢聲記憶叢書　中國米食》（臺北：漢聲雜誌社，1982），
　　頁 8-9。

與石萬壽教授記述的點心有許多同樣的地方。如果再看看我們當下的生活，客家粄粽、廣州炒飯、辣味煲仔飯、梅干扣肉飯、珍珠丸子、皮蛋瘦肉粥、綠豆粥、鍋粑、酒釀、寧波年糕、綠豆潤、蝦仁腸粉、過橋米粉、太極糊……幾乎無一不是日常中唾手可得，或是走進店家就可以在菜單上找到的食物。

　　處在一個季風亞洲稻米文化圈中的臺灣，我們的米食也許有點像是中文之於臺灣，是一種「大語種和小國家」的關係，臺灣與這個語種中的其他國家，共同擁有以中文所保存的文化、所流通的資訊、所實踐的行動。類似地，在臺灣，上述所說的米食種類、米食與節慶或儀俗的關係，自然與《中國米食》這本書中以「中國」傳統漢人社會米食為對象的紀錄有相互發現的地方。在看見府城的米食文化的同時，也必然看見府城與臺灣其他地方的不同，或者是與更大的稻米文化圈的相似處。這也是在這本書中，我們不揣簡陋，試著拋磚引玉，以一些初步的理解和整理，慢慢去看見所謂的「府城米食文化」，去看見文化中「傳統」的那個部分，更去看見文化中「變異」的部分。不過，要看見臺灣、府城的米食文化，或許還能從一個「季風亞洲」的尺度來安置我們的故事。

　　有一天，七個維達瑞—也就是天使、聖靈、仙女（不管她們被翻譯成什麼樣的名字），她們從天堂裡飛了下來，落到

爪哇山區裡。這山區美得天堂都無法比擬。她們想在這個隱蔽峽谷中的一池清水裡洗浴，於是脫去了身上的衣服，歡快地玩起水來。一個窮苦稻農在前往田間的路上，偶然看見了她們，當然充滿了驚奇與敬畏。他應該沒有完全被嚇住，否則就不能思考了。他悄悄地撿起了其中最年輕、最漂亮的仙女的衣物藏了起來；順道提一下，她的名字叫娜娃・烏蘭（Nawang Wulan），意思是清澈的月光。

當其他仙女都從水中出來，相繼飛回天堂時，娜娃・烏蘭卻因為沒有衣服而被留了下來，很是尷尬苦惱。為了取回她的衣服或者還有其他原因，她答應嫁給稻農，條件是他永遠不能違抗她的命令：當她在作飯的時候，丈夫不准掀開鍋蓋。稻農笑著同意了，於是倆人安頓了下來，生活得非常幸福，從不爭吵，而窮稻農也從村子裡最窮的人變成了最富有的人。他的米倉總是滿的，稻穀可以拿到市場上賣，也足夠招待朋友；但這是怎麼做到的呢？他被強烈的好奇心折磨著，終於有一天，他掀開了鍋蓋往裡瞧。

他究竟看到了什麼還是個疑問。有些人說是一顆穀粒，它可以變出足夠填滿穀倉的稻穀，另一些人則說在鍋底蹲著一個小女孩。不管他看到了什麼，他的妻子進來看見他手中拿著鍋蓋時，就驚奇地看向鍋裡，然後，一言不發，打開裝著她仙女服的箱子，穿好仙女服後飛回了天上。不久，這個稻農又變成

了村子裡最窮的人。[7]

除了牛郎和織女的故事，身在臺灣的我們，在這個故事裡也會同時聯想到白鶴報恩的鶴妻吧。斯瑞‧歐文（Sri Owen）的《稻米全書》（The Rice Book）描繪出了另一種全球尺度的稻米、米食文化圖像。[8]斯瑞‧歐文是一位住在英國倫敦的作家，從寫作東南亞的烹調術開始，在這本書裡的第一個部分裡擴及了稻米的文化和歷史。從上述的故事裡，我們可以看到一個與稻米相關的廣泛——尤其是東亞——的文化，共享了類似的傳說結構。

如果將時間拉到現代，看見稻米之間的國際貿易情況，斯瑞‧歐文所述說的故事圖像又更豐富了。歐盟是最大的進口地區，其次是巴西、馬來西亞、象牙海岸、古巴、塞內加爾。馬來西亞進口稻米是因為比較利益，進口比本國種植更有利。最大的出口國家是泰國、接著是美國。在美國和澳洲，稻米以極端機械化的方式耕種收割。在稻米逐漸成為經濟作物的趨勢裡，出現了這樣子的變化，「在以稻米為主食的國家裡，人們比過去富裕，人均消費稻米的數量卻減少了；而在稻米進口國

7　斯瑞歐文，王莉莉譯，《稻米全書》（臺北：遠足文化，2011），頁50。
8　《稻米全書》的封面和版權頁上作者的名字，Sri，分別翻譯成了絲瑞和斯瑞，這裡採用後者。

或稻米是第二作物的國家裡，人均稻米消費量卻更多了。第三種不可思議的變化……是在世界稻米貿易中，國際市場發生了變化，湧現出一些規模較大的進出口商」。[9] 這樣的故事，臺灣並不陌生。我們也在米行的故事裡，會講到當時臺南的情況。

不過稻米仍然是一種非常在地的作物，根據斯瑞・歐文引用國際稻作研究所（International Rice Research Institute, IRRI）的資料，世界稻米產量有一半以上都是在產地附近 50 公里以內的地方被消費掉。每年在國際間流通貿易的精米，超過三千噸，但只佔了世界總產量的 6%。這個世界似乎並沒有我們所以為的那麼全球化，況且時代還年年推陳出新強調在地、地方化、地方創生的種種詞彙。在繼續寫下關於府城米糧的故事前，前言的部分想用這個小歷史作為臺灣歷史的一個隱喻、註腳。

應該是受到日治時期殖民統治的影響，我們的臺語裡對於「美國」的年法，使用了日本漢字「米国」，念作 Bí-kok。至於為什麼日本以「亜米利加／アメリカ」，簡稱「米國」來稱呼美國，在英文與日文的維基百科上的說法是江戶時期將「アメリカ」寫作「亜米利加」，而「亜」字已經作為「亞洲」的

9　斯瑞歐文，《稻米全書》，頁 20-21。

縮寫，因此便以「米」作為美國的縮寫。[10]

　　但是，米國這個原本只是諧音借字而造出來的名詞，回饋到中國本身的文化當中，有了意義上的超譯。昭和9年（1934）7月13日，時任中華民國國民政府軍事委員長的蔣介石曾經在「抵禦外侮與復興民族」對廬山軍官訓練團演講中這樣說到：

　　日本為要併吞我們中國，而須先征服俄羅斯，吃下美國，擊破英國，才可達到他的目的，這是他們早已決定的國策。……他叫俄國叫什麼呢？他叫「露西亞」，露是雨露的露，這個「露」字，是表示什麼意義呢？他就是自比日本為太陽，將俄國看作是露水，太陽一照到露水，那露水馬上就要乾！由此可見日本的國策，早已決定，他非消滅俄國不可。再看他叫美國叫甚麼呢？我們是叫「美利堅」，而他日本則叫「米利堅」，亦叫做米國。米原來是人們一種必需的食糧，他拿這個字來叫美國，意思就是決心要把美國吃下去！[11]

　　蔣介石的說法有待商榷，不過，這篇講話很清楚地展現了

10　https://en.wiktionary.org/wiki/%E7%B1%B3%E5%9B%BD；https://ja.wiktionary.org/wiki/%E7%B1%B3%E5%9B%BD

11　http://taiwanebook.ncl.edu.tw/zh-tw/book/NTL-9900014481/reader；http://www.ccfd.org.tw/ccef001/index.php?option=com_content&view=article&id=2741:0043-1&catid=134:2014-06-10-07-55-46&Itemid=256

在中文這個語種下的文化脈絡：露水在日出後就要消失，「譬如朝露，去日苦多」，而米是要被「吃下去」的食糧。蔣介石以這樣的方式來譬喻，以一種聽者能夠理解的語言和詞彙來說明當時中、美、俄、日之間的關係。臺灣似乎就是處在，而且從過去至今一直處在這樣多重的「中心─邊緣」的關係裡面。

承平之際，以戰爭為譬喻似乎有些遙遠。但臺灣身處的地緣位置未曾改變，要在這樣巨大的「大語種小國家」、「中心─邊緣」的關係裡面逐漸形成一個比較「主體」的社會文化，或許陳義過高，但確實是本書和相關的一系列實踐所欲指向的。透過對於一個我們所生活、活在的地方，她的日常生活文化的追問，可能會是一條長期累積底蘊的取徑，讓我們逐漸建立一些主體性，跳脫這一組組「中心─邊緣」的關係，更好地看待我們當下的環境和文化。

在這本書裡，我們可以看見「府城米食文化」屬於一個更廣域、更大的稻米文化中的部分，以及與地方歷史，尤其是這個城市的許多空間之間緊密結合而產生專屬於府城的米食文化。當語言落實在日常生活中，只要它是在我們共有的社會文化脈絡中，只要它能夠被接收的人所理解，究竟其意象是傳統詩詞或是新詩、來源是外來語或流行語、是鄉民梗還是隨著時事推陳出新的成語，恐怕已經不那麼重要。所謂的府城米食文化也許也近似這種情況，但凡來到這座城市，行走在街巷之

間，耳得之為聲、目寓之成色，五味令人口爽，是這樣地同時經驗著歷史文化的存在與當代、當下的生活。

在本書第二章開始，我們序時地整理了從清代之前、清領時期、日治時期、直到戰後，從稻穀到白米的生產、加工、銷售流程之變化。清代之前，在原住民、荷蘭人、漢人三群人的互動裡，水稻引入臺灣，並且在臺南開始推廣種植。因為臺灣與中國之相近，稻米不只是一種糧食作物，也是一種現金作物。對於清代之前，尤其是原住民的情形，我們知道的實在太少，但不揣簡陋，盡量呈現相關的資料，即便只是一小步也好，有助於我們逼近當時的情況。臺灣史中關於米糧的研究有許多，關於臺南的米糧，地域性的資料卻又比較散落，既有研究成果本書多有引用，不過以擇要為主，供作進一步參考。

在清領時期，臺灣與中國屬於同一個政權，稻米受到官方的管控倉運。這裡我們主要以臺灣（臺南）府城為中心，首先提到了城鄉之間農產品的交通流動，其次進到城內，看到街道上的地方貿易，服務的提供，以及加工品的販售。在社會經濟的面向上，府城一直是周邊區域的核心。最後提到鹿耳門／安平所代表的海外貿易活動，臺灣不能自外的部分

日治時期，透過統計資料，我們可以更確實地呈現臺南市作為一個都市，在精米加工和零售消費上的重要角色。傳統漢人聚落的空間紋理上或許蓋上了一層都市計畫的大道通衢，傳

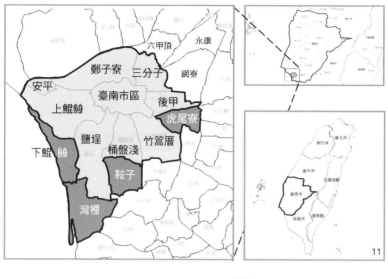

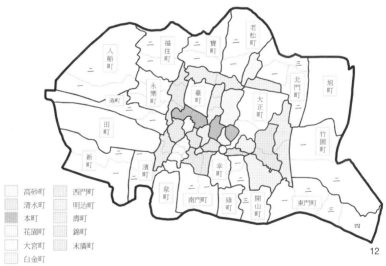

圖 11：日治時期臺南市行政區劃市區和周邊的大字。（資料來源：鄭安佑（2008），《都市空間變遷的經濟面向—以臺南市（1920 年至 1941 年）為例》，頁 8。）

圖 12：日治時期臺南市行政區劃町以及丁目（1）。（資料來源：鄭安佑（2008），《都市空間變遷的經濟面向—以臺南市（1920 年至 1941 年）為例》，頁 10。）

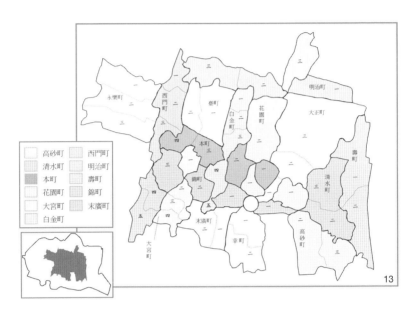

圖13：日治時期臺南市行政區劃町以及丁目（2）。（資料來源：鄭安佑（2008），《都市空間變遷的經濟面向一以臺南市（1920年至1941年）為例》，頁10。）

統的種植和加工遭遇了殖民現代化的制度轉變和工廠生產方式，不過在稻米的例子中我們可以看到原來的社會文化，也就是生活在其中的人們，是非常強韌的，頑強地在變遷中生存了下來。

戰後，隨著政權轉換，稻米的流通與生產在政治考量下受到嚴格管控，過程長三十多年，這些經驗構成了一輩米行經營者的集體記憶。而在戰後迄今的七十多年間，生產機具

的演進、社會經濟環境的改變、國際政治的情勢（美援到WTO），使得米業產生巨大的變化，朝向生產集中、高資本的模式經營，原本密密麻麻散布在街區的米行則面臨歇業或轉型，經歷起落的他們，成為了日常生活中「能見」的近代史，而接手家業的下一代，則不少人試圖在服務、環境上做出改變，做出未來世代的米糧行樣貌。

第五章回到「米作為一種食材」，討論米食在日常、精神面向的具體展現，從米食在日常飲食的發展——吃飯時的輔助食品、米種的演進、三餐所吃的米食，到米食作為點心，在宗教祭祀、生命禮俗、歲時節慶的角色，最後將視角放在米作為「非食品」的運用。盡可能地，看見米食在日常生活的各個面向，重新體認臺灣人與米的密切相依。

第二章

米糧的脈絡，清代以前

　　或者自行渡海、或者荷蘭東印度公司招徠、或者鄭氏屯墾，臺南地區是漢人早期移墾開始的地區。但在這之前，原住民就已經有了種稻的傳統。第二章主要透過整理相關歷史文獻，速寫式的呈現臺南地區的米糧發展脈絡。在這裡，我們可以看到作為一種糧食作物的稻米，如何在臺灣與周邊地區交流的歷史中佔有一席之地。

第一節　原住民種植陸稻

　　在漢人移墾帶來水稻之前，臺灣的原住民就已經有了種植粟（小米）、陸稻等禾本科植物的維生方式。中國明朝萬曆31 年（1603），福建連江人，「以名將而兼碩儒，且為明代之大旅行家」的陳第隨當時的名將沈有容來到臺灣，寫下〈東番記〉一文。如地理學者陳正祥（1961）所說，這是「中國人記載臺灣最早最確實的地理文獻」，記載了陳第所見聞的原住民生活景況。[1]

---

[1]　陳正祥，〈三百年來台灣地理之變遷－為紀念鄭成功復臺三百周年而作〉，《臺灣文獻》12：1（南投：國史館臺灣文獻館，1961），頁 67-92。

　　陳第記錄的原住民居住範圍起魍港、加老灣，歷大員、堯港、打狗嶼、小淡水；雙溪口、加哩林、沙巴里、大幫坑，皆其居也，斷續凡千餘里。根據歷史學者周婉窈（2012）的考證，北界的魍港在今天嘉義八掌溪溪口好美一帶，南界的小淡水是今天的下淡水（高屏溪）。[2]

　　無水田，治畬種禾，山花開則耕，禾熟拔其穗粒，米比中華稍長，且甘香。採苦草，雜米釀，間有佳者，豪飲能一斗。時燕會，則置大罍團坐，各酌以竹筒，不設殽，樂起跳舞，口亦烏烏若歌曲。……當其耕時，不言不殺，男婦雜作山野，默默如也。道路以目，少者背立，長者過，不問答，即華人侮之不怒，禾熟復初。謂不如是，則天不祐、神不福，將凶歉不獲有年也。女子健作，女常勞，男常逸，盜賊之禁嚴，有則戮於社，故夜門不閉，禾積場，無敢竊。[3]

　　據周婉窈（2012）的解讀，陳第的記載在維生方式、食衣住行、禁忌這幾件事上與稻米有關。首先，原住民以種禾、獵鹿和捕魚維生。他們沒有水田，而且農耕工作由女子擔負。用

2　周婉窈，〈陳第〈東番記〉──十七世紀初臺灣西南平原的實地調查報告〉，《海洋與殖民地臺灣論集》（臺北：聯經，2012），頁 135-136。

3　這裡的斷句採用周婉窈的版本。

苦草和米釀酒，舉行宴會時，用竹筒盛酒，隨音樂起舞、唱歌。逢耕作時期，則不說話不殺生，默默工作。在路上相遇時也只是相互望視，而不講話。「長者路過時，年少的人背對他們站立，不問答，就是遭到華人侮辱也不發怒，禾熟後才恢復原狀」，這是耕作時相關的禁忌。[4]

作家楊牧在《奇萊前書》裡那半今半古、似假還真，既像是親身經驗卻又有故事色彩的記述。[5] 他形容幼時進入原住民部落—花蓮的，當然—的經驗，那「瀰漫著一種很特殊的氣味」的村莊，與二戰前躲避戰爭的搬遷，與那一年四季稻米的種植成長緊密結合在一起，從此「那氣味⋯⋯飄浮在村落空中，頃刻間沾上我的衣服，我的身體和精神，而且隨著我的成長，通過漫漫的歲月，一直到今天」。他形容道：

　　那人語清脆而響亮⋯⋯真確如山林，是我急於認識的。香蕉林、木瓜樹、鹽酸子，八臘，檳榔，野橘，酸柚；還有蘆葦花，旱芷，鳳尾草，扶桑，百合，牽牛，美人蕉，⋯⋯木麻黃，相思樹，青毛梧桐，纖密鳳凰木，老鬚榕，麻竹，椶櫚，矮姑婆，

4　根據周婉窈的比對，陳第的記述頗能與後來的史料、人類學研究成果相比對。例如荷蘭聯合東印度公司派來臺灣的首任牧師干治士（Georgius Candidius）的報告中，就有許多可以與〈東番記〉相對應的紀錄。

5　楊牧，《奇萊前書》（臺北：洪範，2003）。

和矗然聳立的香杉，黑松，紅檜……直到我出生前五十年光
景，他們才偶然發現漢人和加禮宛人竟灌水插秧，大為詫異…
但終究還是覺得旱田耕作才是他們真正最喜歡的農事。……他
們為播粟，祈雨，求晴，驅蟲，收粟，貯藏，和豐年，都有特
殊的祭祀，而且每種祭祀前後都規定不能吃蔬菜或魚蝦。

　　這段記述當然不是形容臺南地區，但是文學或許在另一個
面向上引領我們回到原住民的世界，及其耕作。以歷史為本的
作品在再現過去的場景時，有其獨到之處。類似的紀錄無獨有
偶，如果翻閱 17、18 世紀西方人來到臺灣的田野筆記，我們
往往能得到與楊牧的摹寫近似的感受，對於當時原住民的良好
印象，聚落整齊、族人溫和。與明朝萬曆 31 年（1603）的〈東
番記〉相去不遠，小說家東年在《再會福爾摩沙》裡以英譯的
荷蘭檔案，Formosa under the Dutch 為基礎，半記半述了清順
治 18 年（1661）左右荷蘭人在熱蘭遮城（書中譯作日蘭地城
堡）的見聞。[6]

6　東年，《再會福爾摩沙》（臺北：聯合文學，1998），頁 95-96。東年
　　所基於的檔案是 William Campbell（1903）*Formosa Under the Dutch: De-*
　　scribed from Contemporary Records, with Explanatory Notes and a Bibliogra-
　　phy of the Island. Kegan Paul, Trench , Trubner. William Campbell 即甘為霖牧
　　師。

　　那些原住民的耕作技術和生活習慣，真把這片沃土浪費了。從前，為了招募中國人來此耕種稻米和甘蔗，我們還必須從暹羅和東南亞運來糧食養活人口，畢竟蔗糖銷往波斯和日本是我們很大的收入。啊，我說得多麼像汲汲營營的商人，毫無樂享自然生活的情趣。但是，我實在忍不住要說，這些原住民土著每次只耕作夠吃的分量，或也因為他們欠缺牛馬和堅實的犁具。他們使用鶴嘴型的尖鋤挖地，當然很吃力，而且不知為何，這種苦力大部分是由女性從事……他們的稻作方法確實勞多穫少，首先他們在一塊地上播種，當秧苗長出地面，由於太密集必須一株株加以分開移植。稻子結穗了，他們不用中國人那種小鐮刀或我們歐洲人那種大鐮刀去整把刈割，而是用一種類似小刀一莖莖割下稻穗。這些稻穗帶回家放著，每天晚上抓一點放在火上烤乾；天亮前約兩小時再起床來搗碎稻穀，每天吃多少搗多少。這樣，日復一日，年復一年，從來不超過需要的量。

　　在我們的臺灣史裡，原住民歷史的時間尺度遠遠長於文字信史，但所占的篇幅卻是驚人地短少。這些零星的筆記或創作再現雖然不能說是完全信實、正確，但或者是我們可以接近那段歷史、那種生活方式的一條路徑。

　　此外，就臺南地區稻米的種植，考古學成果也提供了另一

番故事。在前面曾經提過 90 年代臺灣科學園區的設置過程中，1996 年，現在的南部科學工業園區臺南園區動土開工。此後招商與工程陸續進行，但同時在臺南園區裡，考古遺址的發掘也出現豐富的成果。

其中，2009 年公告為直轄市定考古遺址的「南關里東及右先方遺址」等處，自 2000 年以來陸續出土了近 20 萬顆稻米化石，年代距今約 4,500 年至 5,000 年。從最早的化石大小不一，到顆粒愈來愈大，指向了石器時代人類的育種觀念。除了稻米，臺南園區中也挖出了臺灣最早的小米和綠豆化石，加上出土的魚、貝類化石，可以推測從石器時代稻鐵器時代人類食物的多樣性。[7]

考古學的成果，這些具體而真實的物件，將臺灣的歷史推前至遙遠尚無文字的時代。在同一塊土地上，曾經有過這樣的人類維生方式，而這種維生方式，本質上與當代的差異或許並沒有我們想像得大。至此，《漢聲小百科》的〈馴稻記〉或《漢聲 稻米專輯》裡不斷提到的往來種作，終於不是遙想遠方之源頭那樣的事情，我們可以就在臺灣的土地上，看見真真實實發生過的人與自然之間的互動。

7　李匡悌，〈南科考古新發現‧臺灣史前文化新視野〉，《人文與社會科學簡訊》19:3（臺北市：科技部人文及社會科學研究發展司，2018/6），頁 59-63。

第二節　荷蘭和鄭氏時期的漢人移墾

受原生地推力之影響，漢人移民來到臺灣。至於臺灣本地對移民的拉力，則有「毘舍耶」的想像，如連橫「臺灣為海上荒島，古者謂之毘舍耶，梵語也。皮為稻土，舍耶莊嚴之意。故又謂之娑婆世界。是臺灣者，為農業之樂園，而有天惠之利也」。[8]「毘舍耶」早在宋理宗寶慶元年（1225）泉州市舶使趙汝适所著的《諸番誌》裡就有紀錄，說澎湖與毘舍耶密接，煙火相望，常受寇掠。當時澎湖人夜間甚至不敢舉火，恐被流求人看到而來犯。[9]

社會學家黃樹仁（2018）曾仔細地討論了中國宋、元、明朝福建人對於臺灣的觀測紀錄，他指出福建的海員、漁民透過親身經驗，最有可能獲得關於海外島嶼的知識，但是這些知識可能因為他們與文人的隔閡因此難以成為主流知識，也就是文人紀錄的一部份。[10]其中，明朝弘治3年（1490）刊行的陳道《八閩通志》裡這樣記錄著從閩中望見臺灣的情況：

大姨山在縣東大海中，每風色晴定，日未出之先，於山上

8　或作「毗舍邪」。
9　關於這裡以「毘舍耶」和「流求」指涉臺灣，更詳細的考證請見黃樹仁（2018）。
10　黃樹仁，《挑釁的提問》（臺北：巨流，2018）頁 23-74。

東望，見一山如空，青微出海面，乃琉球國也，俗謂望見則三
日中必有怒風……故此山夜忌舉火，慮其國人望之而至也。

在這段記述裡，有對於宋代記述的傳抄，但也納入了當地
人的氣象經驗。臺灣這座海上的娑婆之島，「一山如空」，比
傳說 16 世紀葡萄牙人的「Ilha Formosa」要更早進入漢人的眼
中。

但是漢人有規模的移墾，仍是在西元 1624 年之後，荷蘭
東印度公司透過飼養耕牛、協墾制（結首制）、給予農具及種
籽、修築埤圳等等有計畫的行動，結構性地鼓勵了移民來臺，
推測有十萬之數。當時臺灣農產物以稻和甘蔗為主。[11]

西元 1640 年，在赤崁附近由漢人開墾的田地，以及原
住民大目降社、目加溜灣社、蕭壠社、蔴荳社的稻米收成都
已經相當可觀。[12] 西元 1647 年時赤崁附近開墾土地據統計有
4,056.5Morgen，西元 1656 年則有 8,403.2Morgen。[13] 當時，漢

11　奧田彧、陳茂詩、三浦敦史，〈荷領時代之臺灣農業〉，《臺灣經濟史初集》
　　（臺北：台灣銀行經濟研究室，1952），頁 38-53。西元 1626 年，當時以
　　菲律賓呂宋為據點的西班牙人繪製了〈西班牙人繪製艾爾摩沙島荷蘭港口
　　圖〉（Descripción del Puerto de los olandeses en Ysla Hermosa）。其中新港
　　附近有牧牛，或可視為放牧的一例。
12　大目降社在今天的新化區、目加溜灣社在善化區、蕭壠社在佳里區、蔴荳
　　社在麻豆區。
13　1 Morgen 推測是 8,516 平方公尺，即 0.8516 公頃。

人將收穫物以肩挑或牛車運送到赤崁城外的市場交易，換取現金，荷蘭人再以臺南為據點，與中國和日本貿易。[14]

　　鄭成功的部將何斌說服他前往臺灣時，形容是「田園萬頃、沃野千里、餉稅數十萬」，而且「數日到臺灣，糧米不竭」，既可解短期軍隊食物問題，又可以長期打算。西元 1661 年入臺之後，軍兵受諭令屯墾，「各鎮及大小將領官兵，派撥汛地，准就彼處擇地蓋房屋，開疆田地，盡其力量，永為世業，以佃以漁及經商，但不許混圈土民及百姓現耕田地。」鄭氏時期的開墾範圍北至淡水、南到恆春。但重心仍然延續荷蘭人的經營，以臺南周邊為主。[15]鄭氏時期持續修築水利、招徠人力，不過依曹永和（1952）的看法，雖然臺灣的耕種已經由原住民的「鋤耕」，經荷蘭時期而到鄭氏時期的「犁耕」，稻米種類也多，不過此時仍少用肥料，還是屬於粗放農業。

　　荷蘭時期臺灣稻米是對外貿易的商品，鄭氏時期主要供島內自用，西元 1671 年時，臺灣「秋禾大熟」，已經不乏米糧供應。在經過不同勢力的經營之後，在清代時，臺灣的稻種有原住民向來種植的、有荷蘭人引進的、有移民由大陸帶來的，

14　曹永和，〈鄭氏時代之臺灣墾殖〉，《臺灣經濟史初集》（臺北：臺灣銀行經濟研究室，1952），頁 70-85。

15　「鋤耕」在曹永和的原文裡是直接寫作 hackbau，「犁耕」則是 pflug-kultur。

品種較清朝所在的中國為多。在連雅堂《臺灣通史》中記載了
43 種稻種，茲列如表 1。

表 1：《臺灣通史》記載的稻種

稻之屬	稻種	記載
粳稻：即食米，有早晚，其種甚多	白殼	粒長而大，蒸飯最香，十月收之
	烏殼	同白殼，唯皮略黑
	早占	種出占城，有烏占、白占兩種，粒小而尖，蒸飯最佳。清明種之，大暑可收
	埔占	米色略赤，種於園，八、九月收
	三杯	皮薄粒大，形如早占，可以久藏。早季以六月收，晚季以九月收
	花螺	有高腳、低腳二種，殼微斑，粒大
	清油	有大粒、小粒二種，又分白腳、紅腳兩類，早晚俱種
	銀魚草	早春種之，七十日可收，故又名七十日早
	圓粒	粒短而肥，種如埔占
	羌猴	粒長，有紅、白二種
	唐山	種出福建。粒長，皮薄，色白，味香。有二種：曰含穗，曰厚葉。煮粥極佳
	潤種	種出潤州。有三種：一曰高腳潤種，一曰低腳潤種，一曰軟枝潤種。播於水田，霜降後收。粒長，皮薄，色白，味香
	格仔	有高腳、低腳、紅腳三種，略同潤種，均米之佳者
	棉仔	粟尾有紅鬚，長五、六寸，不畏鹽水，可種海濱
	齊仔	種於瘠土，可以收成。乾隆間，始自中國傳入
	烏踏赤	米微赤，略如齊仔，可種瘠土
	銀硃紅	外紅、心白，種後七十餘日可收
	園早	即陸稻，種後百餘日可收

稻之屬	稻種	記載
	白肚早	米肚甚白，故名
	一枝早	
	安南早	種出安南
	呂宋早	種出呂宋。有赤、白二種，粒小而尖。播種同埔占，但不堪久藏
	萬斤獻	
	大伯姆	米白而大，種於窪田，水不能浸
	天來	
	大頭婆	粒圓，味香
	香稻	一名過山香，粒大倍於諸米，色極白，以少許雜他米蒸飯，盡香；稻之最佳者
糯稻：即秫，用以釀酒，並製糕餌，其種亦多	鵝卵	形如鵝卵，粒短，皮薄，色白，性軟；秫之最佳者
	鴨母潮	性黏，秫之佳者
	紅殼	有高腳、低腳兩種，一名金包銀，又名占仔秫，皮稍厚，米微赤，田園俱種
	虎皮	皮赤有紋，粒白而大
	芒花	皮微黑，大暑後種，霜降後收；秫之下者
	火燒	粒長，皮厚，色微褐
	豬油	有高腳、低腳二種，粒長，皮薄，色白
	葉下藏	粒長，皮稍厚，味香，色白
	烏占	粒長，皮薄，味香，色白，大暑後種，降霜後收；秫之佳者
	烏踏	略如烏占，秫之最佳者
	竹絲狀	米微綠，故名
	圓粒	有黑、白二種，田園皆可種，粒肥，皮薄，味香，色白，蒸糕最美
	番秫	粒大，土番種以釀酒
	紅米	色紅，味香，彰化、淡水有種之者
	烏米	色黑，味香，鳳山縣下有種之者。炒之微焦，用以代茶

第三節　清領時期臺灣稻米與中國連動

清康熙 22 年（1683）清領時期伊始，將鄭氏時的官田改
為民業，而軍隊屯墾地多被放棄。[16] 清康熙 36 年（1697）郁永
河來臺時，西部平原佳里興以北，幾乎沒有漢人足跡，都是平
埔族聚落。在《裨海紀遊》中，他留下了這樣的詩句：

臺灣西向俯汪洋，東望層巒千里長；一片平沙皆沃土，誰
為長慮教耕桑？

不過，在清康熙 61 年（1722）到清乾隆 2 年（1737）之間，
巡臺御史黃叔璥所著的《臺海使槎錄》〈赤嵌筆談〉裡已經形
容臺灣「三縣皆稱沃壤，水土各殊。臺縣俱種晚稻。諸羅地廣，
及鳳山澹水等社近水陂田，可種早稻；然必晚稻豐稔，始稱大
有之年；千倉萬箱，不但本郡足食，並可資贍內地。居民止知
逐利，肩販舟載，不盡不休，所以戶鮮蓋藏。」周憲文（1957）
指出，此時的臺灣已經成為閩粵的穀倉，不過其主因是因為勞
動力的投入，也就是所謂生齒日增、務農力作。另一方面，也
再度指出了當臺灣的米被納入更大區域的糧食供需之中時，作

16　周憲文，《清代臺灣經濟史》（臺北：臺灣銀行經濟研究室，1957），頁
　　25-26。

為糧食與商品的性質。

　　臺灣的米，總是在自給的糧食作物與貿易的現金作物兩者間依違。歷史學者謝美娥（2008）透過比較漳州府、泉州府與臺灣的米價，指出清代臺灣稻米與中國東南沿海省分的稻米供需的相互連動。[17] 從雍正朝浙閩總督高其倬督撫每云漳、泉兩府地窄人稠，所產之米穀不敷民食，向藉臺灣米穀接濟，已經可以看到這個情況。是所謂「歷來福建省延、建、邵三府若遇豐年，儘足民食，且可有餘，稍濟福州府之民食。興化一府，僅足自數。福州府若遇豐年，本地之米可足七、八個月民食，尚差四個月者，皆仰給于他處。汀州府若遇豐年，本地之米可足九個月民食，尚有三個月者，亦仰給于他處。泉、漳二府若遇豐年，僅足六個月民食，尚有六個月者，皆仰給于他處。」。

　　據謝美娥研究，此後的乾隆朝，漳州「無恆產者數倍於有恆產之家，本地所產稻米，約之本地民食，尚半藉臺灣商糴。」道光朝「下游福、漳、泉一帶，本地產穀無多，向賴臺米接濟」，到了十九世紀，漳、泉兩府的米價還是隨臺灣供需而波動：

　　　福州為省垣重地，戶口殷繁，豐年尚借資延、建、邵、汀

17　謝美娥，《清代臺灣米價研究》（臺北：稻鄉出版社，2008），頁 111-114。

四府之米，若遇歲歉，則延、建、邵、汀四府又仰給於鄰省江
西之米。至漳、泉兩府，則更人多土瘠，即甚有年，亦賴臺米
接濟，臺米旬日不至，米價即行昂貴。

　　除了上述官員記述，稻米對於安定社會的重要性，或者更
進一步說，清代臺灣稻米對於安定閩粵省分社會的重要性，還
可以從稻米與甘蔗的競逐看到。據周省人（1952）的整理，康
熙年間，清廷領臺的前十年，米價平穩，利潤不高，於是農民
改種甘蔗，發生所謂「蔗稻競作」的情況。[18] 如前所述，將稻
米賣至市場換取現金，而非以物易物的情況在臺灣早已形成，
將本逐利，選擇價高的作物是自然，也是農民自由的選擇。但
是當臺灣稻米必須被納入更大區域的糧食供需之中，就無怪乎
清康熙 31 年（1692）至清康熙 34 年（1695）之間當時的分
巡任臺廈兵備道的高拱乾要告示「嚴禁插蔗」，說是「數萬軍
民需米正多，則兩隔大洋，告糴無門，縱向內地舟運，動經數
月，誰能懸釜以待？是爾民向以種蔗自利者，不幾以缺穀自禍
矣。

　　以上簡要整理了臺灣稻米，尤其是在臺南及其周邊的一些
歷史情況。接下來會進到清代的臺灣（臺南）府城、日治時期

18　周省人，〈清代臺灣米價誌〉，《臺灣經濟史十集》（臺北：臺灣銀行經
　　濟研究室，1952），頁 118-137。

的臺南市街／臺南市、以及戰後的臺南市裡，繼續追尋臺南的
米糧文化。

第三章

米糧的旅程，清領時期

　　接續前一章清領時期及其之前關於臺南米糧的許多歷史，第三章開始，關於清領時期、日治時期和戰後，我們會以一個比較完整的產銷流程，從生產、加工、運輸、儲存，到銷售，來介紹在清代的臺灣（臺南）府城、日治的臺南市街／臺南市、戰後臺南市及其周邊地區裡，這個從稻穀、到白米，再到白米作為一種商品的路徑（圖14）。當然，與這個產銷流程的轉變息息相關的是城市裡這些活動發生的地點、空間。

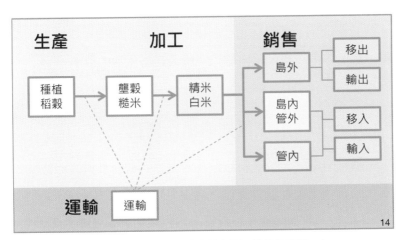

圖14：從稻穀到白米的相關流程。（資料來源：鄭安佑繪製。）

　　一粒米從種子落土到飯粒入腹的旅程，簡單來說不妨分成兩大階段，從稻穀到白米，以及白米作為商品的銷售。就臺南市的空間上來說，前者就是市區與鄉村地區之間的緊密關聯，後者則是城市中的銷售貿易和食品加工。在從鄉村到市區的過程裡，會經過生產（種植）、加工、運輸、倉儲等階段（圖14）；不同類型的貿易、交易、食品製作，會發生在城市的不同地方。除了上述這些階段之外，關於米糧還有像是科學育種、白米再加工為各種米食等等有關的事情。關於臺南市裡這些活動的資料並不很多，我們盡量蒐集，呈現清代、日治、戰後的情況。

　　不過，常民生活的社會史與改朝換代的政治史不同，社會史的變化不一定會隨著政權更迭而就「翻開了新的一頁」，更多時候是關乎一些社會制度的積累和緩慢的轉變。這些故事既是米糧的，同時也是這座城市一般人日常生活的故事。

第一節　府城城外的稻作種植

　　清領時期，大致上府城作為地方貿易和對外貿易的據點，稻米的種植主要在城外進行，再由牛車運進城內。在清道光 2 年（1822），官府公布了「嚴禁汛兵藉端勒索縱馬害禾碑記」，主要是要求守城的士兵嚴守軍規，不要騷擾百姓。這並不是第

一次發生的情況了，碑文中也提到，在清嘉慶 19 年（1814）時就已經勒石示禁，禁止惡兵騷擾人民，但是一旦這些石碑受風雨損壞，便「惡兵故智復萌」、「橫逆如故」。

清代的營兵「兵三年一換，各就內地標營額數、委千把總節次帶領，到臺換班、永為成例」，因此又稱為「班兵」。這個不准臺民當兵，因此從中國抽調兵源、輪班戍守的制度，依歷史學者石萬壽（1985）研究指出，班兵制度歷年有糧餉不足、訓練鬆弛、營兵聚賭、伙兵倚勢、換名頂替、兵員不足、班兵多桀傲難制、與士民雜居難以管理等問題叢生。[1] 其劣跡在這份碑文中也可看見一二，碑文的部分內容是這樣子的：

　　……妹等孱喏農民，屢遭城門惡兵遇有車運糞土、五穀、糖、米、牛隻以及□□□□□□□藤、鍋鼎、棕衣、農具、鐵器等物出入城門，案件勒索費錢：多則滿百，少則數十。稍不從命，則任意蹧躂毆辱□□□。又有縱馬殘損稻苗、地瓜、芒蔗，藉名割草打柴，結黨成群，不論五穀、什子、花生、地瓜、

1　「伙兵」指的是清領初期允許班兵攜眷來台，因此造成班兵家眷及在台親友充當伙兵，「不托身於營盤、而潛蹤於草地」，出現「似民非民、似兵非兵」，難以管理的治安死角。清代營兵制度有著許多問題，雖歷經整頓但成效不彰。1874 年牡丹社事件後，營兵戰力疲弱，已名存實亡。守衛府城的武力，則在更早的時候便落在郊商的義民旗和廟宇的聯境組織了（石萬壽，《台南府城防務的研究》（臺南：作者自印，1985），頁 2-52。

草木、木欄等項，肆橫砍伐。……憲示被風雨損壞之後，惡兵
故智復萌：城門逆索，陋規轉增錢數；而營兵藉名割草打柴者，
亦仍橫逆如故。妹等耕鑿，離城咫尺，工人子姪車運肩挑來往
郡城，無不日遭剝索；其在莊巡守園物者，無不日受欺凌……
給示勒石，重申禁令。

從碑文裡可以看到，這些
惡兵時常藉口割草或打柴而結
伴騎馬出城，但其實是去破壞
稻苗、地瓜、五穀花生各種作
物，甚至是木欄等與人民維生
有關的東西。不過，惡行惡狀
姑且不論，從這篇碑文可以看
到，在「離城咫尺」的地方，
就是一般人的耕鑿之處，當時
這些農業種植的空間離城內並
不遠。

圖 15：現存於小西門內的碑刻。
說明：因道路拓寬故小西門在
1969 年 7 月初拆遷，翌年 4 月初
完成遷建工程，位在國立成功大
學光復校區勝利路一側。

圖 16：小西門現址與附近的文化資產「臺灣府城城垣小東門段殘蹟」。

圖 17：小西門現址與文化資產「原日軍步兵第二聯隊營舍」。

圖 18：小西門現址與臺灣戰後第一代建築師王大閎作品「國立成功大學中文系系館」。
說明：現在小西門成為了方便的通道。

圖 19：勝利路人行道上之鋪面。
說明：以特殊的鋪面標示出城牆的位置。

圖 20、21、22、23：勝利路人行道上之鋪面。
說明：同樣以特殊的鋪面標示出城牆的位置。

圖 24：臺灣府城城垣小東門段殘蹟。

圖 25：小西門及「臺灣府城城垣小東門段殘蹟」的導覽。
說明：本書作者向國立成功大學附設臺南市私立員工子女幼兒園學生導覽小西門及「臺灣府城城垣小東門段殘蹟」。

第二節　府城城內街道上的地方貿易

在「嚴禁汛兵藉端勒索縱馬害禾碑記」除了可以看到上述這種農耕地距離城市並不遙遠的情況之外，還可以看到的是五穀糖米等一級產業的農產品透過牛車運進城市，在城市裡加工販售。另一方面，籐製品、棕蓑衣、農具鐵器等與農作有關的加工品則售往城外。

吳秉聲（2013）利用日治時期地籍圖復原了接近清代末期臺灣府城的土地使用情況（圖 26），在圖中可以看到，其實當時的臺灣府城是城牆內密集的街道建地與部分的非建地。[2] 在城內的 3,521,334.17 平方公尺的面積中，建地只占了百分之 31.83，非建地占了百分之 68.17。在城內，商業與居住地偏西聚集，且幾乎沿著大街周邊分布，北邊和東邊多是公共建築用地或農田，因此建地比例較低。西外城建地比例比較高，占了百分之 42.37，非建地是百分之 57.63，反映出該區商業活動強度及人口居住密度皆高的現象。東外城建地比例甚低，只占了百分之 7.20，非建地占了百分之 92.80。整個府城可以視為是一個「連接五條港區、六條街區、嶽帝廟區和大東門城區的跨界生活區帶」。

2　吳秉聲，〈清領時期台南城市空間結構復原之研究（1875-1895）－以數位化之 1920 年代〈臺南市地籍圖〉為建構基礎〉。《建築學報（建築歷史與保存專刊）》85（臺北：建築學會，2013），頁 1-15

26

圖 26：清末臺灣（臺南）府城土地使用情況（圖片來源：鄭安佑據吳秉聲
（2013）重繪。）
說明：在這張圖中除了呈現清末臺灣（臺南）府城土地使用情況，也呈現了聯
境守城制度下三郊廟、聯境主廟、境廟的位置。此外，圖中也畫出了米街周邊
的地塊（紅色部分）

　　在這幾個區域裡，六條街區是主要的零售、加工、服務機
能集中的區域，類似今天「市中心」的概念。在後面談到臺灣
（臺南）府城的空間時會進一步說明。在六條街區的周邊裡，
就米糧來說，有一條清領時期米店聚集的街道，稱作米街。傳
統的臼依其材質有木臼、石臼等不同，在今天，米街和附近石
舂臼這兩個地名仍然保留下來，也間接佐證了清領時期米街精
米的功能。

圖 27：赤嵌樓。
說明：本書寫作期間，赤嵌樓周邊正進行多項計畫。

圖 28：石舂臼點心城與米街廣安宮。
說明：赤嵌樓旁正是清領時期米糧行業聚集的地方，也就是米街（新美街）。

圖 29：新美街中的巷弄。
說明：舊地名如「石精（舂）臼」仍在日常生活中使用。

圖 30：米街廣安宮。

圖 31：內關帝港原河道。
說明：照片端點是開基武
廟。

圖 32：外關帝港原河道。
說明：與內關帝港隔著西
門路相對的外關帝港。

第三節　府城城外鹿耳門／安平的區域和
　　　　對外貿易

　　六條街區是地方貿易集中的區域，五條港區則是對外貿易
發生的地方，不過在五條港區之外，還需要看到府城與其外
港，也就是鹿耳門／安平的關係。依據歷史學者謝美娥（2016）
的看法，鹿耳門／安平在清代既是臺灣對外貿易，同時也是島
內各港之間區域貿易的重要港口。[3]

　　鹿耳門在乾隆 49 年（1784）以前是對渡，也就是臺灣對
外貿易的唯一正港。前面提過康熙 36 年（1697）郁永河進入
臺灣的行程就是「望鹿耳門……又迂迴二三十里，至安平城
下，復橫渡至赤崁樓，日已晡矣。……二十五日，買小舟登岸，
近岸水亦淺，小舟復不近，易牛車，從淺水中牽挽達岸，詣台
邑二尹蔣君所下榻。」從安平過台江內海需更換小舟，從安平
鎮渡對渡府城的大井頭，靠近大井頭時水淺，再換牛車登岸。
安平和府城之間的陸路要到 19 世紀初期才出現。如是，經由
鹿耳門流通的商品，與臺灣府、縣乃至臺灣全島的經濟發展相
關。米穀從臺灣府熟墾地區運來，隨著拓墾向北、向內山擴張
而增加輸出量。

3　謝美娥，〈清代開港前安平的經濟發展〉，《承先啟後——王業鍵院士紀
　　念論文集》（臺南：萬卷樓，2016），頁 135-173。

圖 33：大井頭現況。
說明：大井頭目前為直轄市定古蹟，位在民權路永福路路口。

圖 34：大井頭現況。

圖 35：街廓中的巷弄。
說明：在街廓中的巷弄往往保留了明顯的地勢起伏。

圖 36：西羅殿牌樓。
說明：西羅殿與一旁的風神廟、接官亭，是曩昔臺灣府城接送官員的重要空間。

延綿的餐桌

37

38

39

40

41

圖 37:西羅殿前。

圖 38:風神殿與接官亭。

圖 39:神農店與神農街。

圖 40:普濟殿廟境路口之共善堂牌樓。
說明:普濟殿廟境內之「粗糠崎」也是與清領時期米穀碾製有關的地名。

圖 41:普濟殿旁之國華街。

圖 42:國華街與慈聖街路口。
說明:都市計畫道路與傳統街巷紋理的交會。

圖 43:普濟殿周邊之巷弄。
說明:普濟殿是市區一處明顯都市計畫道路與傳統空間紋理疊合的地區。

44

46

45

47

48

圖 44：普濟殿周邊之巷弄。
說明：普濟殿周邊舊時有「蜘蛛結網」、「十八洞角」等形容地勢、空間紋理的說法，極言其巷弄繁複、相互通達。

圖 45：普濟殿周邊之巷弄。
說明：從普濟殿通往赤嵌樓之路徑（往普濟殿方向）。

圖 46：普濟殿周邊之巷弄。
說明：從普濟殿通往赤嵌樓之路徑（往赤嵌樓方向）。

圖 47：普濟殿周邊之巷弄。
說明：普濟殿廟境內仍有「角頭」的空間認知架構。

圖 48：黃家米糕栫之用具。
說明：有名的黃家米糕栫就在普濟殿旁。

　　至於在鹿耳門／安平發生的臺灣島內區域貿易，清領時期臺灣島內商品係由西部各港口之間南北運輸，「北路之麻豆社、笨港，南路之東港、竹仔港等處，為府城販運糧米通衢」，就指出鹿耳門／安平的區域貿易角色。同樣在黃叔璥《臺海使槎錄》也記載如下：

　　北路米由笨港販運，南路米由打狗港販運。壬寅六月，台邑存倉稻穀無幾，每日減糶數百石，不敷民食，暫借鳳山倉穀支放。自東港運至台邑，近大港，不由鹿耳門……

　　同樣說明了南路米由打狗港運出到安平大港，再運往當時的臺灣縣，這是臺灣西岸的區域貿易的一環。謝美娥（2016）也指出，18 世紀臺灣島內的糧食供需是北糧南流，鳳山、諸羅南北兩路的糧食流向臺灣府治和臺灣縣，臺灣縣糧食輸往缺糧的臺灣府治，而淡水、彰化的糧食則在鳳、諸不濟時流入臺灣縣，平常則南流到臺灣府治。

　　此外，如前文提到的，清代臺灣的米是與福建等地的米的供需連動的，謝美娥（2008）推估自 17 世紀晚期或 18 世紀初期至 19 世紀中期臺灣糧食長期有餘，可供輸出，而且以 18 世紀中期最盛，出口規模可達 100 萬石米。這些運輸「南北路各廳所產米穀，必從鄉車運至沿海港口，再用舟彭仔、杉板等小

船，由沿邊海面，運送至郡治鹿耳門內，方能配裝橫洋大船，轉運至廈，此即台地所需之小船、車工、運腳。不特官運米穀為然，即民間貨物、米穀，亦復如此轉運。」

清道光3年（1823）台江浮覆之後，鹿耳門的角色已經大致為國賽港、四草湖，以及安平所取代。在清道光21年（1841）姚瑩〈覆曾方伯商運台米書〉有這樣的記載：

（臺灣）其米多可糶者，惟鳳山、嘉義、彰化三縣而已。鳳山無大口，其東港、打鼓港僅容數百石之澎湖船，內地商船從無到者。米皆載至郡中，俟廈門商船夏至國賽港、東至四草湖，以為出糶。……嘉、彰二邑，產米雖多，然二邑人民亦最繁庶，食之者眾，又外販紛來，故蓋藏絕少。

綜觀之，清領時期的米糧隨著拓墾人力投入而增加產量，府城周邊的稻穀由牛車運進城內，有米街這種加工精米的地方，並且在城內零售，進行地方貿易。臺灣其他各地的米，同樣利用牛車運至沿海港口，再集中於鹿耳門／安平。而由鹿耳門／安平再運往廈門的米糧，則屬於對外貿易的範疇了。

第四章

米糧的旅程，日治時期

第一節　統計事業中的米糧統計

　　對於日治時期米糧的種植和加工，我們可以透過統計資料來了解。日本殖民政府面對臺灣，進行了包括統計事業，一系列的調查事業。日明治 37 年（1904）土地調查確立了小租戶的土地所有權；日明治 38 年（1905）進行第一次臨時臺灣戶口調查，日明治 43 年（1910）開始林野調查與林野整理事業第一期，日大正 9 年（1920）進行了第一次國勢調查。

　　日治時期臺灣的統計史料編製過程，其實也具有統治上的意義。這些調查事業的背後是殖民政府基於統治目的，銳意在殖民地推行各類調查，一則掌握相對殖民者來說尚屬未知的殖民地社會，一則作為施政的參考資料。而這個基於統治進行的調查，背後又是近代西方以科學知識為基礎的政治統治技術。[1]對於殖民政府而言，面對未知的殖民地狀況，透過數據來掌握殖民地狀況無疑是一種有效的方法。量化後得到的數據，提供

1　日治時期的統計資料所能看到的經濟活動，或其他社會面向，都處在這個
　　脈絡中。這個特性使得統計史料的重要性不僅在於它指出了什麼，也在於
　　統計史料沒有統計的是什麼。

統治的一方在治理上重要的依據資料。兼且數字可以比較、計算的特性、序時、跨地區比較等，也是統計資料的特色之一。

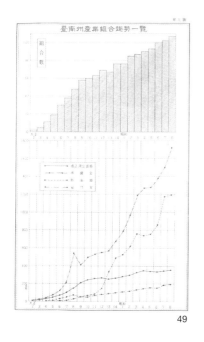

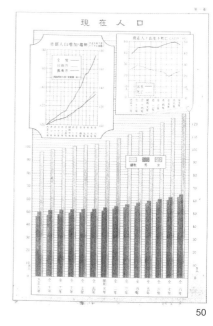

49

50

圖 49：日大正 2 年（1913）至日昭和 8 年（1933）臺南州產業組合趨勢一覽。（圖片來源：臺南州第十五統計書。典藏：國家臺灣圖書館）

圖 50：日大正 9 年（1920）至日昭和 8 年（1933）臺南州人口。（圖片來源：臺南州第十五統計書。典藏：國家臺灣圖書館。）
說明：日治時期的統計事業包括基本的產業、人口統計，並將之圖像化。

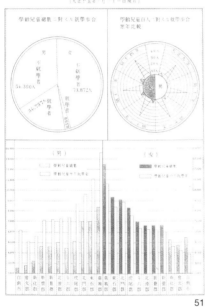

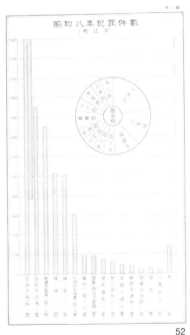

51

52

圖 51：日昭和元年（1926）臺南州初等教育概況。（圖片來源：臺南州第八統計書。典藏：國家臺灣圖書館。）
說明：政策推動的成果也以統計來加以評估及宣傳。

圖 52：日昭和 8 年（1933）犯罪件數。（圖片來源：臺南州第十五統計書。典藏：國家臺灣圖書館。）
說明：統計也用於社會調查

　　上述這些調查事業，是在後藤新平所定調的「生物統治學」下，以科學知識為基底，以統治為目的所進行。統計資料在殖民政府的統治脈絡下，遂具有作為一種政治計算術（political arithmetic）的性質。日治臺灣統計調查的編製背景是國家為了掌握被統治者所進行的調查工作。動員國家力量，日治時期從全臺灣島，依行政區域劃分，層層遞下的殖民政府行政機關，留下了關於日治臺灣社會各面向事物活動相當多統計史料。對於日治臺灣的統計事業，人口學家 Barclay（1954/1972）曾如此描述道：

　　在日本統治之下，臺灣很可能稱得上是全世界被調查得最詳細最完整的殖民區域。每年有大量的統計數據、特殊的數字調查不斷地被編纂。經濟、地勢、原住民部落、礦藏、農產品、工業產品、以及外貿等全部都被調查及再調查，一直查到沒有什麼東西可以再加進原先的知識之中。[2]

　　社會學家陳紹馨（1979）也曾經如此形容臺灣的特殊性：[3]

2　Barclay, G. W. *Colonial Development and Population in Taiwan*. （Washington, USA; London, UK: Kennikat Press, 1954/1972）.. p. vii-4.
3　陳紹馨，《臺灣的人口變遷與社會變遷》（臺北：聯經，1979），頁 1-7。

　　一般而言，一個社會須在現代化到某一程度以後，才能做調查研究，然而等到能做調查研究的時候，「現代化以前」的情形已經消失⋯⋯但臺灣卻是此常理的一個例外⋯⋯剛開始現代化或未開始現代化的時候之情形，也都能詳細記錄下來。

　　統計事業的成果，即便只是從統計資料的數量也可以表現出來，《臺灣省五十一年來統計提要》或可作為一個註腳。1945 年臺灣省行政長官公署統計室接收了臺灣總督府統計課全省五十一年來的統計業務內容。不包含佚失資料及其它地方政府統計資料，即得一二〇七類，統計表總數逾兩千個。在留用的日籍人員協助下，以臺灣省為範圍編製而成該書。內容分成二十四類次，總共調製 540 表，全書 1384 頁。本書內容還祇是「原有統計書刊一、二〇七種內所含的各類統計數字⋯⋯提綱挈領擷英摘華」（臺灣省行政長官公署統計室，1946）的部分，尚不包括歷年各縣廳州市、月份別的統計資料。[4]

　　日治時期臺灣統計資料浩卷繁秩、品目包羅各類自然、社會事物與活動。以經濟學家吳聰敏、葉淑貞等（2004）的分類，日治時期的統計書可以分成綜合統計和主題統計兩大類。綜合統計是統計行政區域內的各項事物活動，因此隨社會變遷，統

4　臺灣省行政長官公署統計室，《台灣省五十一年來統計提要》（臺北：臺灣省行政長官公署統計室，1946），頁 iii。

計項目與分類歷年有所增刪。縱觀日大正 9 年（1920）殖民政府有系統地進行統計調查事業開始，至日昭和 16 年（1941）正式進入戰時體制，統計項目大致相同。例如，與日大正 9 年（1920）設置臺南州、市之後有關的統計書就包括了《臺灣總督府統計書》、《臺南州統計書》、《臺南市統計書》。主題統計是以產業為統計對象的各種統計書，包括《臺灣農業年報》、《臺灣林業統計》、《臺灣水產統計》、《臺灣鑛業統計》、《臺灣商工統計》。各類統計書的資料涵蓋年份不一。此外，主題統計部分還包括前述《臺灣省五十一年來統計提要》。鄭安佑（2008）整理與臺南有關的統計資料如表 2 和表 3。可以看到，與米糧統計相關的會包括《臺灣農業年報》、《臺灣商工統計》。[5]

　　透過這些統計資料，我們能夠對日治時期的米糧生產、加工、運銷等環節的情況有比較簡明的了解。不過，統計資料也提醒了我們這是一套從日治時期以來，我們逐漸接受、習慣，以數字來衡量比較經濟活動的架構。這種架構、方法，與文字所能呈現的多樣內容非常不同。這背後其實隱含的是傳統社會文化，包括這些承載資訊、歷史的工具，都逐漸由傳統漢人社會，轉變為更現代、西方的社會文化、理解世界的框架。就像

5　鄭安佑，《都市空間變遷的經濟面向—以臺南市（1920 年至 1941 年）為例》（臺南：國立成功大學建築學，2008），頁 33-35。

日治時期透過鐵路建設，將臺灣西部各個都市的交易整合成為一個市場，米價成為公開可以評估的資訊。而且，臺灣米價更與韓國的供給、日本的需求等因素緊密地連結在一起。

表 2：綜合統計史料出版資料表

書名	編者	內容	史料年代與收藏
臺灣總督府統計書	第 1-3，民政部文書課；第 4-10，總督官房文書課；第 11-20，總督官房統計課；第 21-41，總督官房調查課；第 42-44，企畫部（第 42，總督官房企畫部）；第 45，總務局；第 46，總督府。	根據「臺灣總督府報告例」做成之各種統計調查所編纂成的綜合統計書。格式倣自日本國內的《日本帝國統計年鑑》。內容包括有土地、戶口、教育、社寺、民事與刑事裁判、警察、農業、漁業、礦山、工業及商業、專賣、外國貿易、金融與儲金、交通、衛生、教育、財政、氣象、官吏、恩賞（年金）、林野及狩獵等。	日明治 30 年（1897）《總督府統計書》至 日 昭 和 17 年（1942）《總督府第四十六統計書》。
臺南州統計書	第 1-6，臺南州；第 7-20，臺南州官房文書課；第 21，未掛上編者名；第 22-23，臺南州總務部總務課。	內容有土地、人口、市街庄行政、學事、社寺、社會事業、登記及民事爭訟調停、電氣、警察、衛生、氣象、農業、林業、工業、水產、畜產、財政、商業及金融、職員、各種團體等。	日大正 8 年（1919）《臺南州統計書》至 日 昭 和 16 年（1941）《臺南州第二十三統計書》。其中《臺南州第二十一統計書》分上下兩編；《臺南州第二十二統計書》藏於大分大學經濟學部經濟研究所。

書名	編者	內容	史料年代與收藏
臺南市統計書	臺南市役所	內容有氣象、土地及行政區劃、戶口、教育、社寺、紳賞及社會事業、民事爭訟調停、警察、農業、林野、畜產、水產、工業、電氣、商業及金融、貿易、交通、衛生、財政、職員及文書、各種團體等。	日大正10年（1921）《臺南市統計書》至日大正14年（1925）《臺南市第五統計書》，及日昭和3年（1928）臺南市第八統計書》。其中《臺南市第五統計書》、《臺南市第八統計書》藏於臺南市圖書館。

表3：主題統計史料出版資料表

書名	編者	內容	史料涵蓋期間
臺灣農業年報	日大正8年度（1919）-日昭和16年度（1941），臺灣總督府殖產局；日昭和17年度（1942），臺灣總督府農商局。	各年氣候、土地、耕地及埤圳、農業人口、農產量、農產價格、肥料、農具、耕地買賣價額、地租、重要農作物進出口等統計資料，並有米穀檢查概況、農業移民、農業行政與試驗機關、農業設施概要以及農業團體等的介紹，並附有農業方面之出版品目錄。	日大正8年（1919）至日昭和17年（1942）。日大正7年（1918）年以前資料收錄在《臺灣產業年報》中。
臺灣林業統計	日大正6年度（1917），臺灣總督府民政部殖產局；7-12年度（1918-1923），臺灣總督府殖產局；日大正13年度（1924）-日昭	包括林野面積、國有林野處分、林野取締、林野被害及犯罪、林野物處分、官行砍伐事業、造林事業、苗圃事業、種苗處分、薪炭及工業用材之供需、林業者及工資、林產物貿易等項目之統計。	日大正6年（1917）至日昭和7年（1932）。

書名	編者	內容	史料涵蓋期間
	和 16 年度（1941），臺灣總督府殖產局山林課；日昭和17年度（1942），臺灣總督府農商局山林課。		
臺灣水產統計*	日昭和 4-18 年刊（1929），臺灣總督府殖產局水產課；日昭和 19 年刊（1944）。臺灣總督府農商局水產課。	有水產業者、漁船累年比較、遭難漁船、漁獲量、養殖量、製造量及價格、水產價額累年比較、水產貿易累年比較、全島各魚市場魚類別、各州廳重要魚類零售價、沿岸漁獲物、遠洋漁業及漁獲物累年比較各項統計。	日大正7年（1918）至日昭和17年（1942）。日大正9年（1920）書刊名《臺灣水產統計書》。
臺灣商工統計	第 1-9 次，臺灣總督府殖產局商工課；第 10-20 次，臺灣總督府殖產局。	分商業與工業兩部分的概述及統計資料。商業方面的統計項目有種類別與產業別會社數目和資本總額，產業別與州廳別會社營業成績，各種保險事業成績，各種組合之數目、資金運轉和營業成績，各種金融組織之營業成績、存放款利率，臺北市零售與批發物價指數，各市區重要物品零售價與批發價，市街地糙米批發價和白米零售價，各市街各行業之工資，累年質易額、貿易市場、主要輸移出入品數量與金額等。工業方面則按紡織、窯業、化學、印刷、木製品、食料品及其他等 7 類工業，統計各種產品的工廠數、職工數、產量及產值。	日大正 10 年（1921）至日昭和 16 年（1941）。日昭和16 年（1941）以後，工業與商業分開刊行於《臺灣工業統計》及《臺灣商業統計》之中。

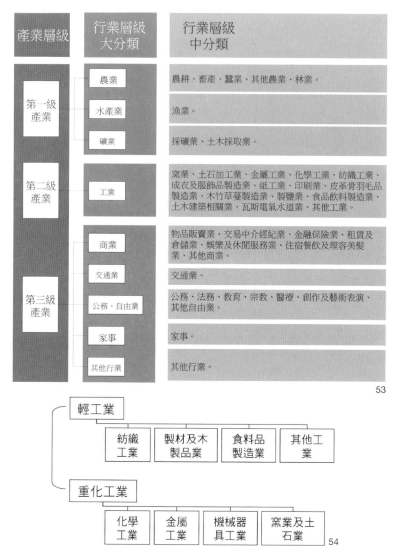

圖53：日治時期行業與三級產業對照。（資料來源：鄭安佑（2008），《都市空間變遷的經濟面向—以臺南市（1920年至1941年）為例》，頁39。）

圖54：日治時期輕及重化工業分類。（資料來源：鄭安佑（2008），《都市空間變遷的經濟面向—以臺南市（1920年至1941年）為例》，頁94。）

第二節　鄉間的種植

　　就稻穀的種植來說（圖 55），在今天臺南市的範圍內，日治時期最主要稻作產地是後壁庄、白河庄，以及臺南市東邊的新化街、歸仁庄。但次要稻作產地則有 10 年代內陸楠西庄、玉井庄一帶，至 30 年代以後近海學甲庄、佳里庄、麻豆街的轉變。[6] 此一轉變可能與嘉南大圳建設有關，水利灌溉系統使得近海一帶水稻產量上升，超越原本內陸地區陸稻產量。[7]

6　為行文方便，以下均以日大正 9 年（1920）以後的行政區名稱指涉相關地理範圍。

7　日治時期的資料裡整理了統計數據、文字、地圖三種資料，分別提供了第一二級產業、商業、交通路線三種資訊。統計數據方面主要是使用關於第一級、第二級產業，也就是經濟活動中的生產、加工部分。日治時期關於稻作的統計在各縣、廳、州的統計書裡記載得很詳細，統計細項包括水稻陸稻、在來米蓬萊米、一年生或二年生、稻米的種植面積、產量、產值等等。在臺南，目前本書找到最早的資料是日明治 30 年（1897）《臺南縣治要覽》，粗略登載農漁產等經濟活動之產量。日大正 9 年（1920）以前的統計數據資料較為零星，日大正 9 年（1920）後，隨州市行政層級確立，地方統計事業乃有連續且逐年詳盡的調查，以至日昭和 16 年（1941）進入戰時體制為止。大致來說時間範圍涵蓋了整個日治時期。透過此一資料，可以掌握約 50 年間的變化。

從日明治 30 年（1897）《臺南縣治要覽》到日昭和 16 年（1941）臺南市第廿三統計書，可以看到政府在統計技術上的長足進展。統計的行政區單位從最初僅呈現日明治 30 年（1897）全臺南縣資料，到日大正 9 年（1920）已能仔細登載所有街庄的數據。對於經濟活動的分類，也因應整體工業化及產業結構的變動，而逐漸形成農林漁牧礦工以下更為細分的分類架構，並能以產額來呈現經濟表現，突破以土地使用面積或產量來記錄所造成跨業別比較時的限制。

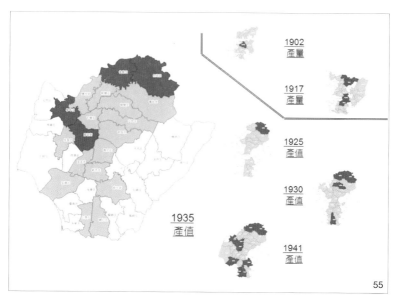

圖 55：日治時期臺南地區稻作產量產值面量圖。（資料來源：鄭安佑等
（2014[8]）。）

　　在前面曾經提到，清代時稻米產量增加主要是因為勞動力
的投入。在日治時期、農機、肥料、育種等方法再次提高了單
位面積產量。不過，修築埤圳，利用水力，並且建立一個組織，
運作一套行水、用水的管理機制則是自有聚落、社會以來就是
非常重要的事。

8　鄭安佑、吳秉聲、徐明福，〈稻穀‧白米──多聚落架構下臺南市的社會經
濟活動與都市空間之關係（1920-1941）〉《論文集》（2014 臺灣建築史
論壇，臺北，2014），頁 93-108。

圖 56：烏山頭水庫。

圖 57：烏山頭水庫暨嘉南大圳水利系統。

圖 58：烏山頭水庫暨嘉南大圳水利系統。
說明：接往出水口放流的巨大水管。

圖 59：烏山頭水庫暨嘉南大圳水利系統。
說明：接往出水口放流的巨大水管。

圖 60：嘉南大圳水利系統。

圖 61：嘉南大圳水利系統。

圖 62：水道橋。

圖 63：水道橋。
說明：照片下方是水道橋中湍急的水流、上方是橋下水圳中平緩的水流。

圖 64：西口發電廠。
說明：文化景觀「烏山頭水庫暨嘉南大圳水利系統」的豐富景觀。

　　周憲文（1958）將日治時期臺灣農田水利建設分成四個時期，日明治 36 年（1903）以前仍然是民間自營，但是總督府既已根據調查決定臺灣發展稻、蔗兩大作物，日明治 34 年（1901）進一步公布〈公共埤圳規則〉，賦予與公眾利害有關的埤圳公共性格。[9] 這個時期可以說是調查研究時期，並且奠定後續埤圳經營的根本制度。其後到日明治 44 年（1911）之間，水利工程的重心在於舊埤圳改修，如虎頭山埤、頭前溪埤、樹林頭圳等等。這些工程，都以公共埤圳而有工程補助費挹注。日大正元年（1912）至日昭和 12 年（1937）之間是水利組合的時期，兩大工程是北部的桃園大圳和南部的嘉南大圳。嘉南大圳工程區域遍及臺南州 10 郡 46 街庄，其間居民約 15 萬戶、91 萬人。灌溉面積預計 15 萬甲，其中組合人員約 10 萬人。嘉南大圳不僅透過烏山頭水庫之儲水、幹支分線和三年輪灌制應對了南部夏雨冬乾、冬季缺水的情況，也使得海岸含鹽地帶的地力顯著提升。最後一個時期則是全面的土地改良時期，也就是日昭和 13 年（1938）提出的「臺灣土地改良根本計畫」，這個計畫雖然因為戰事爆發而終止，但在今臺南市關廟土地改良事業是得以完成的。廣泛來看，埤圳也是一種與米糧相關的設施或空間，不過本書主要聚焦府城，關於嘉南平原

9　周憲文，《日據時代臺灣經濟史》（臺北：臺灣銀行經濟研究室，1958），頁 25-26。

上綿延的埤圳，已有其他專書研究。

　　前文說過清領時期臺灣稻米品種甚多，據李力庸（2009）統計，全臺第一期米有 586 種、中間作 84 種、第二期米 822 種、陸稻 187 種，合計 1,679 種。[10] 同一品種中混有異品種造成品質不均的問題。日治時期在日明治 43 年（1910）起開始限定品種，日大正 9 年（1920）開始改良品種。限定品種使得單一品種的平均種植面積大幅增加。而品種改良，如嘉義晚二號、臺中 65 號等，使得稻米整體產量增加。不過日本人所喜愛的蓬萊米的引進，早在日明治 36 年（1903）便已發生。與產量有關的，還有許多獎勵措施，包括日明治 41 年（1908）獎勵種植綠肥、日明治 42 年（1909）獎勵共同購買肥料、日大正 8 年（1919）在花東地區獎勵雙季稻、日大正 11 年（1922）起獎勵密植，免得因為秧苗株間太疏、分蘗太多而成熟不齊，出現青皮或不成熟米。

　　因為臺灣氣候下米穀不容易儲存，日大正 9 年（1920）起在全臺各地設置倉庫，到日昭和 16 年（1941）為止，臺南的農業倉庫計有 41 處。日治時期作為儲存的米穀設施有土礱間、農會、產業組合農業倉庫，以及米庫組合。這些設施除了儲藏之外，也同時有加工、交易的功能。此外，日明治 37 年（1904）

10　李力庸，《米穀流通與台灣社會（1895-1945）》（臺北：稻鄉出版社，2009），頁 19。

開始的米穀檢查，起初由殖產局辦理，後來歸由各州管理，最後由檢查局統一經辦。在日昭和16年（1941）時共有基隆、新竹、臺中、嘉義、高雄、花蓮六個事務所，其中基隆和高雄專辦出口米的檢查。上述這些與稻米相關的歷史，都可以在臺南的都市空間中看到其痕跡。

第三節　城市的加工

在稻穀加工為白米的過程，日治時期分為兩階段統計，也就是將稻穀「礱穀」為糙米（日文做籾摺及玄米）、以及將糙米「精米」為白米。[11] 在這個時期，搬移輸出主要是糙米。在日治時期的礱穀和精米兩加工階段裡，呈現了都市與街庄、產地間的差異。圖是日大正8年（1919）以後礱穀產值之面量圖。日昭和5年（1930）以前，臺南州的礱穀活動仍以臺南市為主。20年代以後的統計單位行政區較大，日昭和5年（1930）以後，則能看到礱穀活動開始出現在臺南州、甚至可能有集中於產地的趨勢。[12]

11　現代碾米過程中尚有將白米「拋光」為精米之程序，此處的「精米」與日治時期所謂「精米」意義應不可作同義解。
12　此中變化可能與米絞設備與技術出現、取代傳統土礱間有關，唯統計書等資料所登載的工廠（日文作工場）資料中目前並未看到相關史料。

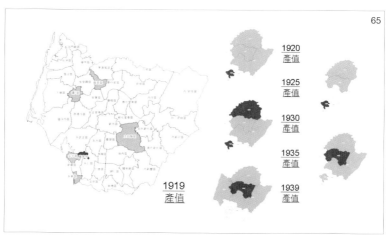

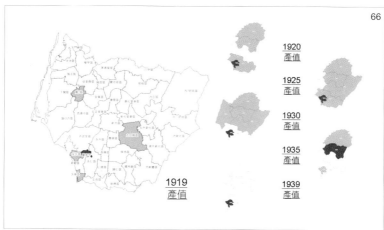

圖 65：日治時期臺南地區壟穀產值面量圖。（資料來源：鄭安佑、吳秉聲（2014）。）

圖 66：日治時期臺南地區精米產值面量圖。（資料來源：鄭安佑等（2018）。）

但是在精米產值上，圖呈現了精米與礱穀兩種加工活動的差異。在整個日治時期，精米活動皆集中於臺南市內，這反映了城市內對白米的零售消費。精米又稱舂米，是糙米經舂米脫去胚芽及米膜後生產出白米的過程。碾米機（米絞）的引進，是米糧產製流程的轉捩點。電力系統逐漸普及後，自日大正9年（1920）引進機械式碾米機，「精米工場」開始出現在城區。經曝曬乾燥的稻穀於庄內土礱間礱穀為糙米，再以牛車運送至城區內的精米工場，碾製為白米。

日治時期臺南州主要因為蔗作產值高，農耕業產值占全臺比例甚高。除了特用作物甘蔗之外，米穀作物的稻米與普通作物的甘藷是另外兩種重要農作物。臺南市占臺南州農耕業產值的比例很低，這與市區內耕地稀少，而且城市主要作為商業、服務業、公共服務的機能有關（圖71、圖72）。

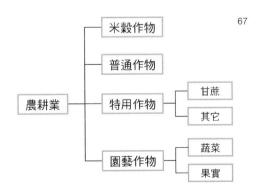

圖67：日治時期統計書農耕業分類。（資料來源：鄭安佑（2008），《都市空間變遷的經濟面向—以臺南市（1920年至1941年）為例》，頁74。）

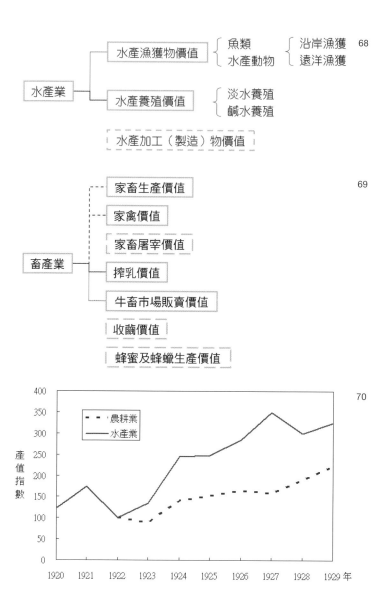

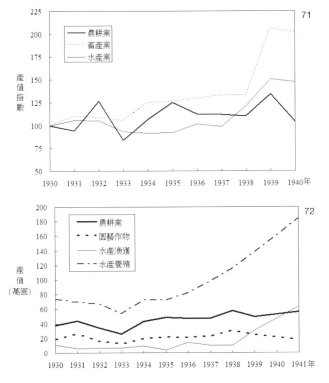

圖68：日治時期統計書水產業分類。（資料來源：鄭安佑（2008），《都市空間變遷的經濟面向—以臺南市（1920年至1941年）為例》，頁75。）

圖69：日治時期統計畜處產耕業分類。（資料來源：鄭安佑（2008），《都市空間變遷的經濟面向—以臺南市（1920年至1941年）為例》，頁76。）

圖70：1920年代臺南州農耕、水產業產值指數。（資料來源：鄭安佑（2008），《都市空間變遷的經濟面向—以臺南市（1920年至1941年）為例》，頁77。）

圖71：日昭和5年（1930）至日昭和15年（1940）臺南州第一級產業產值指數。（資料來源：鄭安佑（2008），《都市空間變遷的經濟面向—以臺南市（1920年至1941年）為例》，頁78。）

圖72：日昭和5年（1930）至日昭和16年（1941）臺南市第一級產業重要行業產值。（資料來源：鄭安佑（2008），《都市空間變遷的經濟面向—以臺南市（1920年至1941年）為例》，頁82。）

　　根據「臺南市有租地甲數及地租」、「臺南市無租地甲數及地租」統計。日大正 9 年（1920）臺南市的水田（田）、旱田（畑）」多分佈在原臺南市街周圍的八個大字。[13] 八個大字的水旱田地目甲數合計，歷年都佔全臺南市水旱田面積 96%以上。水田分佈以鹽埕最多，其次是竹篙厝。竹篙厝同時也是臺南市旱田分佈的主要區域（圖 73）。

　　至於臺南市區內，全為旱田，占整個臺南市水旱田面積比例極低。分佈在壽町、竹園町、東門町、開山町、綠町，以及日昭和 3 年（1928）以後北門町出現約一甲旱田。在分佈區位上，都是位於原臺南市街的東及東南側。竹園町及東門町佔全市旱田比例相對其他町較高，大約分別占 4.0% 及 2.2%。若從各町旱田佔該町有租地面積比例來看，以竹園町比例最高，其次是綠町及東門町。

　　張宗漢（1980）以日昭和 6 年（1931）九一八事變（滿州事變）為契機，強調在軍事需求與經濟目的上，殖民政府推動工業化，並以日月潭水力發電工程為明顯的動作，這一說法著眼於政治經濟面向上殖民政府作為。[14] 葉淑貞認為臺灣的工業化應該肇始於日明治 34 年（1901）臺灣創立第一座新式製

13　「大字」是一行政區劃單位。
14　張宗漢，《光復前台灣之工業化》（臺北：聯經，1980），頁 31-35、63-82。

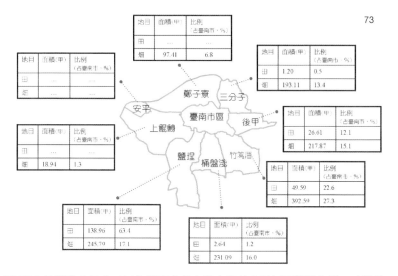

圖 73：日昭和 5 年（1930）臺南市各大字有租地水旱田面積及比例。（資料來源：鄭安佑（2008），《都市空間變遷的經濟面向—以臺南市（1920 年至 1941 年）為例》，頁 83。）

糖廠，著眼於工廠組織、生產設備、生產技術陸續出現，是從經濟活動與經濟制度的角度切入。[15] 高淑媛則認為應該以工場家數與雇用職工數顯著增加的日昭和 10 年（1935），作為起點。[16] 同時亦認為日昭和 10 年（1935）出現了經濟思想上的變化，「臺灣人放棄抵抗臺灣總督府所欲實施之工業制治政策，

15　葉淑貞〈臺灣工業產出結構的演變：1912-1990〉。《經濟論文叢刊》24：2（臺北：國立臺灣大學經濟學系，1996），頁 234。

16　高淑媛《臺灣近代產業的建立——日治時期臺灣工業與政策分析》（臺南：成功大學歷史研究所博士論文，2003），頁 267。

因而有臺灣合同鳳梨株式會社的成立為臺灣的統制經濟體制奠基」。

　　《臺南州管內概況及事務概要》中對臺南州有「產業之州」的描述，除了占全臺三分之一弱的第一級產業以外，臺南州工業在歷年所有州廳中生產價值都是最高，歷年比例雖有波動，但均約占全臺三分之一。工業產出結構以輕工業為主，歷年均占工業產值 90% 以上。日昭和 5 年（1930）輕工業生產總額占全臺比例 42.3％歷年最高。同年臺南州工業生產總額占全臺比例 38.4％也是歷年最高。輕工業以食料品製造業占絕大部分，歷年在 82.4% 至 90.6% 之間。重工業則以化學工業相對高。其中，食料品製造業的產值最主要來自於製糖業（圖74）。

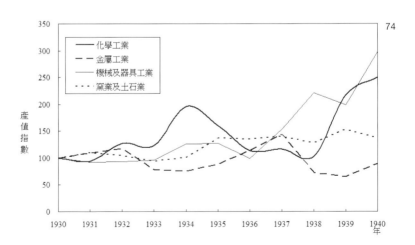

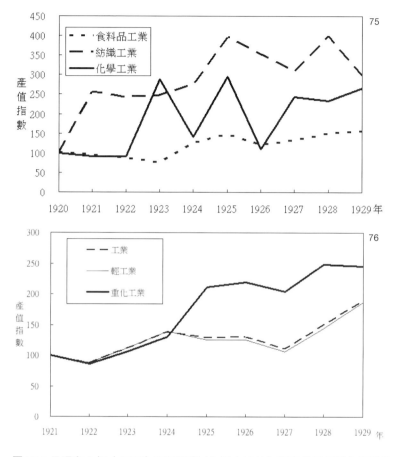

圖74：日昭和5年（1930）至日昭和15年（1940）臺南州歷年重化工業各行業產值指數。（資料來源：鄭安佑（2008），《都市空間變遷的經濟面向—以臺南市（1920年至1941年）為例》，頁93。）

圖75：1920年代臺南市重要工業產值指數。（資料來源：鄭安佑（2008），《都市空間變遷的經濟面向—以臺南市（1920年至1941年）為例》，頁99。）

圖76：1920年代臺南州工業產值指數。（資料來源：鄭安佑（2008），《都市空間變遷的經濟面向—以臺南市（1920年至1941年）為例》，頁91。）

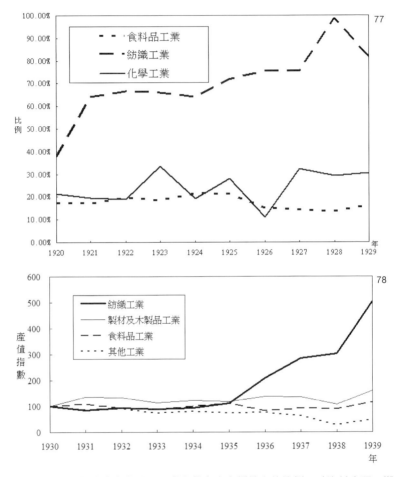

圖77：1920年代臺南市重要工業產值占臺南州總產值比例。（資料來源：鄭安佑（2008），《都市空間變遷的經濟面向—以臺南市（1920年至1941年）為例》，頁97。）

圖78：1930年代臺南市輕工業產值指數。（資料來源：鄭安佑（2008），《都市空間變遷的經濟面向—以臺南市（1920年至1941年）為例》，頁100。）

　　不過與臺南州以製糖業為主不同，臺南市食料品製造業中最重要的是碾米業，產值歷年佔臺南市食料品製造業 60% 至 85%。有趣的是，臺南市的精米工廠非常之多。但是在統計書上卻不曾被記入重要工廠中。

　　在這裡，我們要進一步看到的是日治時期，臺灣的米對外貿易，或者更精確地說，對日本的貿易，是掌握在日本人手裡。但臺南市作為米糧流通重要的節點，臺灣人的網絡仍然對整個產業具有相當的控制。這可以從臺南市裡精米、米商的工廠、店家經營型態看出來。

　　在日明治 33 年（1900）到日明治 43 年（1910）裡，臺南廳中出現了以公司、株式會社等新式合夥形式經營的礱穀、精米工廠。這些採現代經營型態公司、株式會社的共同特色在於資本額較高，以及分佈在臺南市街以外地區者較多。而臺南市街以新式合夥型態經營的米商，則多為日本株式會社的支店，或以合資、營利組合方式成立。前者較早，大約在日明治 33 年間（1900）進駐，後者相對較晚，在 10 年代出現。[17]

　　相對來說，臺南市街絕大多數的精米業者仍是資本額低、

17　如日明治 35 年（1902）打狗南興公司陳中和工廠經營精米、日明治 42 年（1909）阿公店精米株式會社經營精米及販賣、1910 年西宮肥料米穀株式會社工廠經營礱穀業務都是在高雄地區成立，另外，日大正元年（1912）在嘉義大林庄也成立有從事米穀賣買的嘉義興產株式會社。

採傳統經營型態的商號。然而正是這些臺灣人商號，產出了遠
高於鄰近地區的精米產值。日大正 6 年（1917）臺南市精米
工廠資本額全在 50,000 円以下，產量 40,046 石；而成立了上
述公司、株式會社的高雄阿公店、楠梓坑、打狗、鳳山支廳地
區，精米產量共 17,010 石（臺南廳，1919）。在日昭和元年
（1926），臺南市役所出版的《臺南市之工業》（臺南市ノ工
業）登載的 80 家精米工廠中，則有 71 家年產值高於 10,000
円（表4）。

表 4：《臺南市之工業》所記載的工廠

工廠（工場）名稱	產值（円）	所在位置（町）
成裕精米工場	88128	高砂町
益源精米工場	56880	港町
豐順精米工場	53136	東門町
共成精米工場	47520	寶町
新合成精米工場	44160	白金町
泉順精米工場	43512	大宮町
西南公司精米工場	42048	永樂町
瑞豐精米工場	41568	東門町
金協益精米工場	41151	臺町
瑞南精米工場	40416	西門町
義源精米工場	38328	東門町
炳記精米工場	36162	東門町
東春精米工場	33936	高砂町
大進精米工場	33792	高砂町

工廠（工場）名稱	產值（円）	所在位置（町）
木村精米工場	33147	白金町
協成精米工場	31944	東門町
豐春精米工場	28944	臺町
金義順精米工場	28944	末廣町
洽盛精米工場	28896	開山町
協裕精米工場	28896	西門町
陞興精米工場	26904	永樂町
新大有精米工場	25665	永樂町
瑞豐精米工場	25244	白金町
振益精米工場	24336	明治町
隆興精米工場	23808	港町
恒吉精米工場	23625	安平
全成興精米工場	22752	東門町
玉豐精米工場	21534	高砂町
晉發精米工場	21360	高砂町
新同發精米工場	21312	高砂町
盛豐精米工場	21312	港町
新隆盛精米工場	20664	錦町
全美精米工場	20256	安平
隆盛精米工場	20016	高砂町
錦記精米工場	19488	本町
瑞益精米工場	19464	白金町
義順發精米工場	19392	寶町
茂春精米工場	19038	西門町
永合芳精米工場	18816	白金町
森岡精米工場	18226	錦町
新豐順精米工場	18033	寶町

工廠（工場）名稱	產值（円）	所在位置（町）
松泉成精米工場	17520	永樂町
森茂精米工場	16785	大正町
慶年餘精米工場	16455	高砂町
進德成精米工場	16368	高砂町
新益豐精米工場	16272	寶町
新豐年精米工場	15489	大宮町
セ精米工場	14764	錦町
協盛精米工場	14544	港町
春成精米工場	14424	本町
吉勝興精米工場	13884	末廣町
順興精米工場	13824	本町
義豐精米工場	13667	臺町
成發精米工場	13506	寶町
復源精米工場	13416	永樂町
瑞記精米工場	13398	西門町
協瑞精米工場	12528	明治町
新義順精米工場	12388	寶町
吳精米工場	11952	港町
同成精米工場	11880	寶町
嘉發精米工場	11745	永樂町
長茂精米工場	11003	高砂町
洽吉精米工場	10767	濱町
新德和精米工場	10303	老松町
南興精米工場	10128	大宮町

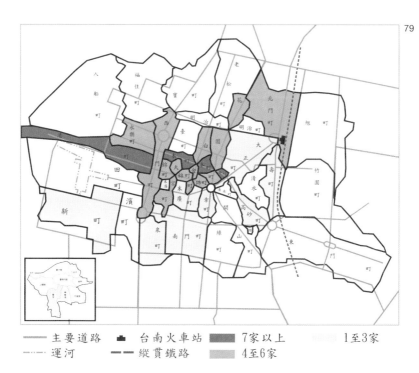

主要道路　■ 台南火車站　▉ 7家以上　▉ 1至3家
·····運河　━ ━ 縱貫鐵路　▉ 4至6家

圖 79：1920 年代臺南市會社開設家數分佈。（資料來源：鄭安佑（2008），
《都市空間變遷的經濟面向—以臺南市（1920 年至 1941 年）為例》，頁
116。）

延綿的餐桌

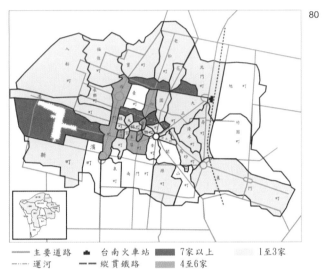

80

主要道路 ● 台南火車站 ■ 7家以上 ░ 1至3家
------ 運河 ━ 縱貫鐵路 ▨ 4至6家

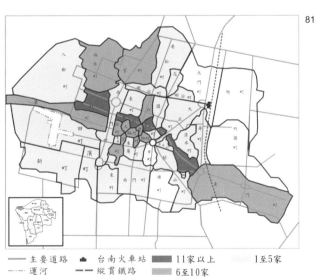

81

主要道路 ● 台南火車站 ■ 11家以上 ░ 1至5家
------ 運河 ━ 縱貫鐵路 ▨ 6至10家

106

82

	主要道路		台南火車站		6家以上
	運河		縱貫鐵路		1至5家

圖80：日昭和5年（1930）至昭和16年（1941）會社、行號分佈。（資料來源：鄭安佑（2008），《都市空間變遷的經濟面向—以臺南市（1920年至1941年）為例》，頁117。）

圖81：日昭和1年（1926）臺南市工廠家數分佈。（資料來源：鄭安佑（2008），《都市空間變遷的經濟面向—以臺南市（1920年至1941年）為例》，頁103。）

圖82：日昭和1年（1926）臺南市輕工業工廠家數分佈。（資料來源：鄭安佑（2008），《都市空間變遷的經濟面向—以臺南市（1920年至1941年）為例》，頁105。）

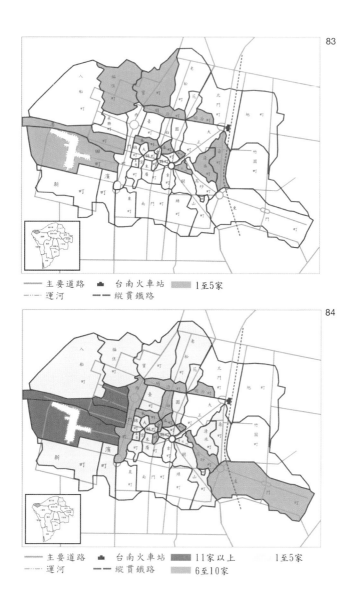

83

主要道路　　台南火車站　　1至5家
運河　　　　縱貫鐵路

84

主要道路　　台南火車站　　11家以上　　1至5家
運河　　　　縱貫鐵路　　　6至10家

85

圖83：日昭和1年（1926）臺南市重化工業工廠家數分佈。（資料來源：鄭安佑（2008），《都市空間變遷的經濟面向―以臺南市（1920年至1941年）為例》，頁106。）

圖84：日昭和9年（1934）臺南市工廠分佈狀況。（資料來源：鄭安佑（2008），《都市空間變遷的經濟面向―以臺南市（1920年至1941年）為例》，頁108。）

圖85：日昭和9年（1934）臺南市輕工業工廠分佈狀況。（資料來源：鄭安佑（2008），《都市空間變遷的經濟面向―以臺南市（1920年至1941年）為例》，頁109。）

圖 86：日昭和 9 年（1934）臺南市重化工業工廠分佈狀況。（資料來源：鄭安佑（2008），《都市空間變遷的經濟面向一以臺南市（1920 年至 1941 年）為例》，頁 110。）

第四節　管內、島內、島外等交易，以及運輸[18]

在統計分類上，臺灣島外的交易活動又被區分為四種，即輸出、輸入、移出、移入。輸出入指交易對象是他國，諸如中華民國、緬甸，移出入的對象則是日本（又作內地）及其他殖民地如朝鮮。在臺南市集中以後，其交易表現如何。這裡也比較了安平港及打狗港的貿易資料，以辨明臺南州市的主要港口—安平港移輸出入情況。

一、管內：產地與城市

李力庸（2009）整理了日昭和10年（1935）總督府對全臺米穀流通情況的調查。[19]在這份資料裡可以看到，在新豐郡、新化郡、曾文郡、新營郡，鄉間大部分的米穀都是買給仲介商。因為鄉間籾摺業者的加工能力不足，這些仲介商會將米穀送到城市的籾摺業者處礱穀，之後再將這些糙米買給其他仲介商或

18　在分析日治時期臺南州市米交易、運輸活動時，有三點須先說明。第一，交易部分本文集中討論城市內的小賣及移出商。由於史料蒐集質量之故，介在農民與土礱間、土礱間與精米工廠間的大小仲介商，或是交易活動最末端的個人米擔，有待進一步資料才得以分析。第二，與運輸密切相關的倉儲空間在本文中未及討論，同樣的，倉儲空間多由仲介商加以經營，目前蒐集之相關史料亦較為缺少。第三，城市中米交易有跡可尋，但街庄中米或穀的交易仍有待進一步蒐集資料。

19　李力庸，《米穀流通與台灣社會（1895-1945）》，頁79-80。

移出商。不過鄉間的籾摺業者並不會因此而沒有米穀可以收購，因為鄉間籾摺業者與農民之間，有著特殊的「買青」制度。

所謂的「賣青」是一種農業社會的金融制度，土壟間或籾摺業者預先付款，購買尚未收穫的稻穀。對農民而言，能夠預先收到價款，應付生計。但是這種交易中卻有著米價波動的風險，並且形成一種「收購」的買賣關係。在臺灣，農業相關機構即使是在金融層面上，也與農民的生活息息相關。

回到日昭和 10 年（1935）總督府的調查，當時新豐郡的仲介商或臺南米穀市場的米，大部分都銷往臺南市，成為臺南市的消費米。新化郡的籾摺業者或仲介商要在善化接受米穀檢查，然後善化米賣給移出商、新化米賣給臺南市的米商。新營郡、曾文郡的籾摺業者與移出商關係密切，主要買給三井、瑞泰等移出商。北門郡郡內的籾摺業者主要供給地方消費，郡外的籾摺業者則賣給移出商。至於臺南市的米，如前所述，透過籾摺業者或仲介商，大部分成為臺南市的消費米。

二、出口：從輸出中國到移出日本

據日明治 30 年（1897）《臺南縣治要覽》記載，當時臺南縣的米並無供給島內其他區域及日本，而以管內及輸出中國為主（如下）。這是少數直接載明交易範圍的資料。在同書中也記載米為安平輸出之重要品，輸出價額達 74,015,520 円。當

87

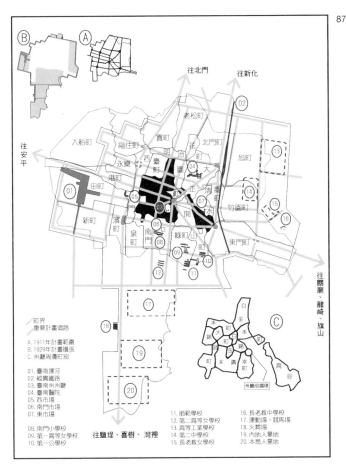

圖87：日昭和4年（1929）臺南市市區計畫範圍及路線。（資料來源：鄭安佑、徐明福、吳秉聲，〈日治時期臺南市（1920-1941）「都市空間─社會經濟」變遷─指向經濟的都市現代化過程〉，《建築學報》（建築歷史與保存專刊）85（臺北，臺灣建築學會，2013），頁23。）

說明：左上角圖B灰色色塊範圍係日昭和4年（1929）計畫較明治44年（1911）增加之範圍。其他說明請見圖例。

時安平輸出商品貨物的港口有香港、上海、廈門、汕頭、溫州、天津、寧波、牛莊等地。

隨著殖民統治逐漸推行，社經結構轉變，臺南州米交易對象由中華民國轉為日本。日大正4年（1915），安平港米移出價值已遠大於輸出價值，分別是 9,059,272 円及 1,524 円。進一步參考日大正 12 年（1923）移出米檢查的內容，時安平的米移出以神戶為主，移出至內地共計 10,566 袋，而輸出至中華民國僅有 35 袋。

20 年代以後，臺南市的白米出現轉由打狗港移出的趨勢。配合礱穀與精米的資料來看，臺南市的礱穀、精米產值遠高於高雄州各地，但米移出量打狗港卻逐年增加。事實上，日大正 6 年（1917）打狗港的米移出價值就以 5,001,408 円遠高於安平港的 80,592 円，隔年安平港甚至在米移出上掛零，打狗港則為 8,735,107 円。此後，臺南市白米主要由打狗港輸出的趨勢大致底定。

三、進口：安平港的日常百貨性質

日明治 35 年（1902），從薩摩、肥後來的日本米和緬甸仰光的外國米已進入臺南市的市場交易中，此後內地米與本島米的米價，成為統計書中的重要項目。這份逐月記錄各地各等級米價的統計資料，也成了現代新經濟史推算日治時期臺灣物

價的重要資料。

　　從米進口的資料來看，歷年有日大正 9 年（1920）廈門、汕頭（以廈門為主）、日大正 12 年（1923）門司、大阪、下關、神戶、宇品（以門司為大宗），以及日昭和 3 年（1928）的尾道、朝鮮釜山等地米進口。唯到了 30 年代，相關統計中安平港已未見米進口資料。

　　綜整來看日治時期安平港的米移出入，一方面可以看到臺灣米產在殖民經濟結構中主要運銷往殖民母國的情況，一方面也可以看到臺灣米作在臺日市場逐漸整合後，所出現的經濟作物性質。臺日皆然，米價在日治時期與物價連動，在日大正 11 年（1922）後歷年《臺南州產業狀況》中都可以看到關於內地正期米與產地殘存米如何影響米價的敘述。

　　以米移出為例，打狗港在日治時期成為出口的主要港口，但安平港是否便因此「沒落」？或者，我們應該辨明的是安平港本質上並非一以外銷牟利為主的商港，自無所謂「沒落」可言。安平港進口內容，不論是自清領時期中國、中華民國、其他國家或日本，安平港進口的商品貨物都包含凡百雜貨，可供應臺南城市日常需用。以米為例，作為商品，臺南市精米所生產的白米主要交由打狗港出口，但其他地區的米仍通過安平港，進入了臺南市的米市場中。

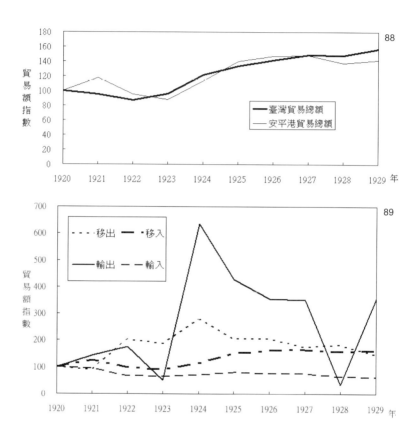

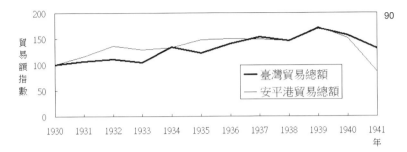

圖88：1920 年代臺灣、安平港貿易總額。（來源：鄭安佑（2008），《都市空間變遷的經濟面向—以臺南市（1920 年至 1941 年）為例》，頁 132。）

圖89：1920 年代安平港移輸出入貿易額指數。（資料來源：鄭安佑（2008），《都市空間變遷的經濟面向—以臺南市（1920 年至 1941 年）為例》，頁 133。）

圖90：日昭和 5 年（1930）至日昭和 16 年（1941）臺灣、安平港貿易金額指數。（資料來源：鄭安佑（2008），《都市空間變遷的經濟面向—以臺南市（1920 年至 1941 年）為例》，頁 133。）

四、島內交易和運輸

　　關於島內交易的統計或文字資料較少，在表 5 刊載日大正 9 年（1920）、日大正 12 年（1923）的移出米、搬出米檢查裡可以看到的是就臺南受檢米移出的對象來看，以高雄為多，仍包括其他各地。基隆掛零，間接說明臺南的米並未經由基隆出口。

表5：1920、1923 臺南市移搬出米檢查表（石）[20]

年代	神戶	臺北	新竹	高雄	基隆	臺中	臺東	管內	
1920	4,315	1,210	1,132	3,274	0	335	530	1,843	
年代	內地	臺北	新竹	臺中	高雄	花蓮港	臺東	管內	支那
1923	9,643	1,536	5,306	455	7,414	31	93	8,105	263

説明：資料取自各年統計書（臺南州，1921、1924）。

　　島內交易的運輸方式有三種，沿岸航線、鐵路與公路。沿岸航線部分，安平在日明治30年（1897）通往基隆、馬公、打狗、車城等地。除安平外，臺南州還有北門嶼、國聖、青鯤鯓等港口。但島內交易的米是否經由航運運輸尚待進一步資料。倒是經由資料推論，30年代以後，臺南大量的米應是透過公路運輸至打狗移出。

　　就當時臺南火車站的發著貨物統計，與其他重要火車站如嘉義、番子田站相比，30年代臺南站到站貨物中米的價額甚高。日昭和13年（1938），臺南站米到站價額是6,499円，番子田和嘉義分別是181円和2,336円。同年臺南站出站米價額為3,508円，雖然是各種貨物中價額最高的，但顯然遠低於進站米價額。

20　日治時期「輸出入」指國際間之財貨移動，「移出入」指如日本與殖民地、殖民地間之移動，「搬出入」指如臺灣各州、朝鮮各道間之移動。

對於上述情況，或許可有下列三點推論。第一，這間接說明當時由臺南精米加工的大量白米，應有相當數量非由鐵路運輸至高雄州出口。第二，這也佐證臺南是一區域性的米集散中心。第三，其實與臺南站其他到站貨物種類相比，米的價額並不算高。和安平港進口內容以日常百貨為主放在一起看，也呈現了臺南市其長久以來的經濟活動特色就是她在城市的形式裡，透過二、三級產業活動，對島外進口各種和洋中西貨品、匯集周邊腹地一二級產業產品，加工銷售給四方來集的顧客、居民。

第五節　米糖相剋

種植稻米或是甘蔗就成為臺灣土地使用的一項課題。日治時期時，新式製糖工場一棟棟地矗立於平原之上，各家株式會社之間劃分出各自的原料區，鋪設鐵軌以利採集。柯志明（2003）以矢內原忠雄的《日本帝國主義下的臺灣》一書為例，說明矢內原忠雄從糖業的例子，說明這種新式的生產工具和制度，使得日本資本可以「摧毀併吞」臺灣本地的傳統製糖業。[21]

不過，日資就這樣支配了產業和市場嗎，柯志明進一步以

21　柯志明，《米糖相剋》（臺北：群學出版，2003），頁 2-7。

川野重任對於臺灣米穀的分析為例，說明在米穀的市場裡，臺灣人原有的社會制度和生產方式展現了強烈的抵抗和「頑存」。這種抵抗發生在米穀生產的許多環節，「買青」制度確保了鄉間臺灣籼摺業者的收購來源，維持了本地農民與加工者的關係。而臺灣的「家庭式農場」，也因為能夠在種稻米或種甘蔗之間有所選擇，所以當蓬萊米在日本大受歡迎時，臺灣農民能夠透過種植稻米取得相當的收入，而不必種植甘蔗，讓製糖會社賺取大部分的利潤。「家庭式農場」就這樣存活了下來，沒有像許多殖民地一樣形成莊園式的土地集中管理和計畫種植。

「第一憨，種甘蔗給會社磅」，在臺灣，會社幾乎掠奪了所有製糖利潤，但家庭式農場的頑存和臺灣社會特殊的歷史條件，使得農民可以分享稻作的利潤。於是當蓬萊米價高，導致農民不種植甘蔗時，就發生所謂的「米糖相剋」。柯志明進一步說明了土壟間的角色，他認為其實土壟間真正重要的功能是商業信貸，從收入來源來看，壟穀反而只是附屬於商業信貸的「副業」。在臺灣，本地地主、米穀商、放貸者、米穀加工業者在相當強的程度上是一體的，因此島內的米穀流通實質上是由土壟間所掌控。與其說臺灣的米在移出貿易上受到四家日本大商社的控制，從柯志明的分析來看，毋寧說是這四大商社並無法像糖業一樣深入且直接控制收購甘蔗，而需要委託 700 家

左右的土礱間處理稻穀收購和加工，避免面對 40 萬戶的米生產者。

關於臺灣人土礱間如何能夠控制米糧的銷售，或許可以回到更久之前的歷史。清雍正 5 年（1727）福建巡撫毛文銓在討論為什麼在米穀豐收的年度米價仍然高昂時，指出當時在府城之外、周邊靠海的礱戶群合作抬高米價的情況。

> 查臺灣礱戶悉在海邊，不下千有餘加，而內地商賈往台買米，由來問之礱戶。如伊等所礱之米稍有積聚，即云我們今日每石減三分、五分，各戶即減三分、五分。如伊等所礱之米稍無積聚，即云我們今日每石增一錢、二錢，各戶即增一錢、二錢。此唱彼和，眾口同聲，牢不可破。臣查礱戶共居海邊，隔離郡縣，既無稽察，即無忌憚，故或減或增，任其意之所欲為，此等皆不肖之徒也，使之隨意高昂，害及窮簷，必無此理。且伊等若各挾多貲，豈能安分？欲除此弊，惟有將礱戶遷置府城，散其團結之勢，庶幾臺灣之米價得少平。

最後，要回到臺南市裡。如同前述，在臺南市的市內消費裡我們同樣可以看到，臺灣人的網絡仍然緊密地掌握了精米為白米，白米供給市內消費的情況。這些市內消費的米或許在規模比不上移出或輸出的量，但是當我們把目光從所謂的政府

121

的、國家層級的貿易移到常民的日常生活時，更可以看到在殖民政府的產業政策、日本資本的進入之下，臺灣既有的體制、臺灣人社會仍然表現出強烈的能動性。殖民、現代化、工業化或許將歷史翻過了一頁，但是這翻頁並不是一瞬間的事情，這是一個緩慢的，每個個人在自己的謀生活動上，適應或抵抗一個大的結構轉變，最終構成這個社會獨特樣貌的過程。

第五章

米糧的旅程，戰後迄今

　　1945 年，第二次世界大戰結束，臺灣由蔣介石政府派員接收，至此結束了日本政府 51 年的殖民統治。經歷戰爭創傷、新政權的到來，糧食的供需狀況、統治政策都有了翻天覆地的轉變，位於府城的米行、碾米廠，也隨之迎來了新的時代。

第一節　政策主導下的米糧流通

　　1945 年 10 月 25 日，臺北的公會堂（今中山堂）舉行了「中國戰區臺灣省受降典禮」，典禮上政權交接，臺灣總督安藤利吉向盟軍中國戰區的代表陳儀投降，至此臺灣由中華民國接管。六天後，主管糧食的機關——糧食局成立，主責糧食掌握與調節供應。

　　歷經戰爭洗禮的臺灣，在各地留下了肥料短缺、人工缺乏、水利設施破壞等結構性問題，1945 年 9 月南部的颱風成災，更為米糧的減產推了一把。在產量短缺的狀況下，新政權一連串不當的糧食政策：廢除總督府「徵購與配給」制度改為純徵收的「田賦徵實」、封存過量軍需米穀、向民間搜刮餘糧

等[1]，造成米價飆漲，形成嚴重的「米荒」。

對內有民生問題，對外則是與中國共產黨的內戰。米是軍需用品，為了隨時確保供應無虞，以及能作為外銷品輸出換取工業建設資材，1946 年起，主管機關糧食局制定了一系列的糧食管理政策，也間接影響了接下來幾十年的米糧行樣貌。以下列舉幾項影響甚遠的制度，看見由上（糧政）到下（米糧行）實際發生的事。

一、開業到歇業都納入管制：糧商登記規則

面臨國內的米荒，為了讓市場長期有米且價格穩定，糧食局祭出了「違反糧食管理治罪條例」、「糧商登記規則」、「糧區制度」等管理措施，並扶植地區糧食同業公會成立。此時的米行與碾米廠，不只是一種商業的經營類別而已，除了是生產者和消費者間的橋樑，更被視為配合政府調節供需的合作對象，因此所有的糧商都屬於「特許行業」，有專屬的制度與罰則。

在上述制度中，「糧商登記規則」[2]可說是與米行、碾米

---

1 蘇瑤崇，〈戰後臺灣米荒問題新探（1945-1946）〉，《中央研究院近代史研究所集刊》86（臺北：中央研究院，2014/12），頁 122~127。

2 〈糧商登記規則〉前身為〈臺灣省糧商登記規則〉。〈臺灣省糧商登記規則〉1946 年頒布，1947 年因中央糧食部制定全國性的〈糧商登記規則〉而廢止。〈糧商登記規則〉於 1947 年實施後，分別於 1956 年、1965 年、1973 年修正條文。本文引述之〈糧商登記規則〉為參考 1947 年、1973 年之條文版本。

廠關係最為緊密的，從開業到歇業都有其規範。以一間米行的開業為例，根據規定：「凡經營米、穀、麵粉、小麥業務，都應該向所在地縣市主管機關申請登記，領取糧食主管機關頒發的糧商營業執照才能開業。」糧商營業執照，就是米糧行老闆門口中的「米牌仔」，多半被裱褙起來掛在店內牆上。曾任米穀公會理事的全發米行黃老闆便表示：

「早期，沒有糧商執照是不能賣米的。7-11（統一超商）因為也有零售白米，所以也有糧商執照，公會名冊上可以查到。」

	15-1	13	14	15	（東區）
	△	△	△	△	◉批發、加工、零售
…行	育中行	統一超商股份有限公司台南市第十四分公司	豐明米店	華林食品行	○加工、零售
		高清愿	〃	〃	△零售
衛國街一一二巷	衛國街一一二號	林森路二段八四之八六號	衛國街三七號	林森路二段一二一號	
7	56970	65301	45326	64010	
58	2340417	2382073	2370295	2355676	

圖91：登記於米穀公會名冊的統一超商。

91

125

糧商營業執照依據業務種類的不同，分為零整購銷、採購運銷、倉庫、加工（碾米及磨麵）、經紀。各業務有不同的資本額規範，如申請經營採購運銷業務者，需有相當於當地熟米四十石[3]以上之資本；申請經營糧食加工之業務，需有加工工具之設備等。

當申請登記、取得執照後，依照規定，各米行、碾米廠還需在開業 15 日內加入所在地的糧食同業公會，平時則要準備糧食登記簿，記錄每日進貨、出售、存儲、加工糧食的數量，供糧食管理機關不定時查閱。若要歇業，也須在一定的時間內通報主管機關。公會被納入糧食管理體系的一環，協助糧食局進行掌控，也因此許多米糧行老闆都還記得當年每個月交的會費，以及定期寫報表（帳簿）給公會，註明賣了多少米、賣多少錢的記憶。

依據這些糧商規範準則，糧食局便可掌握糧商的數量，以及監督與管理市場上的流通糧食狀況。〈糧商登記規則〉自 1947 年開始施行，一直到 1998 年才廢止（1998 年後改實施〈糧商管理規則〉），一共施行了 51 年的時間，「米牌仔」、「帳簿」的存在，構成了許多老米糧行的開業經驗。

3　「石」為容量單位，一石相當於十斗。

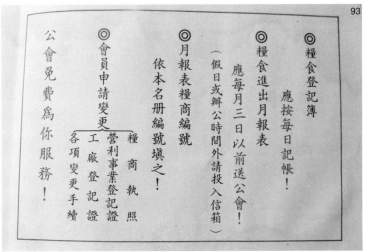

圖 92：糧商營業執照。（圖片來源：國立臺灣歷史博物館。）

圖 93：1995 年的公會名冊內尚有繳交糧食登記簿、糧食進出月報表至公會的宣導。

二、賣米不過二層行溪：糧區制度

另一個糧食管制手段，不僅影響了米行、碾米廠做生意的範圍，也間接影響了消費者碗中米的來源，此即為「糧區制度」。糧區制度為糧食局於 1946 年頒布，為了便利政府管理糧商與明瞭糧食流通狀況，將臺灣劃定八糧區[4]：

- 臺北區（臺北縣、臺北市、基隆市）
- 新竹區（新竹縣、新竹市）
- 臺中區（臺中縣、臺中市、彰化市）
- 臺南區（臺南縣、臺南市、嘉義市）
- 高雄區（高雄縣、高雄市、屏東市）
- 臺東區（包含臺東全縣）
- 花蓮區（花蓮縣、花蓮市）
- 澎湖區（澎湖全島）

在同一糧區內，糧食可以自由流通，不限制買賣數量；糧區之外，糧商須向各地的糧食事務所或糧食局申請「購運證明書」[5]，才能跨區進貨、買賣；肩挑小販若挑運數量在三十公

4　考量花蓮、臺東為一自然區域，1950 年起合併為同一糧區，共計七大糧區。

5　根據〈臺灣省行政長官公署公告卅五署糧二字第 2460 號〉：採購運銷數量在十噸（165 包）以下者，由當地糧食事務所代發糧食購運證，超過十噸，由糧食局發給。

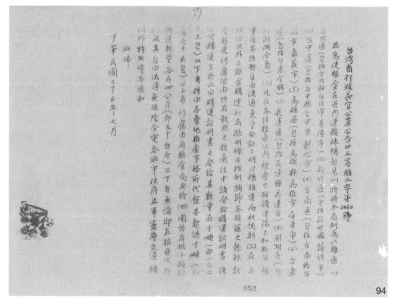

圖94：臺灣省行政長官公署公告糧區劃分。（圖片來源：國史館臺灣文獻館。）

斤（即50臺斤）以下者則不在此限。

　　而當時臺南的米行、碾米廠所在的糧區在哪呢？這得回到1946年時臺灣省的行政區劃，當時的縣市劃分和現在不同，以臺南縣來說，範圍就包含了濁水溪以南、二層行溪（今二仁溪）以北，而「臺南區」糧區，即包含臺南縣與其範圍內的嘉義市、臺南市，也因此許多府城的老米行、碾米廠老闆會說：「賣米不過二層行溪」。至於有能力跨區買賣米穀的，多半是較有資本的糧商，會以卡車到產區載米。當時還未興建高速公

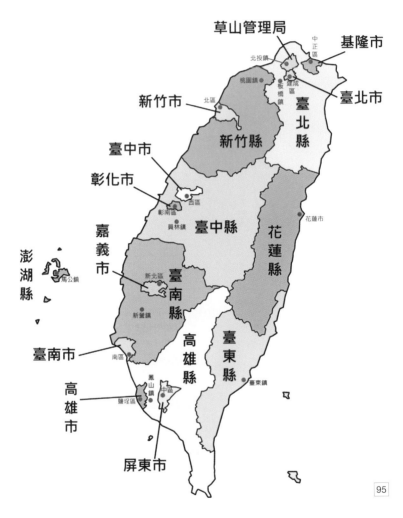

圖 95：1946 年臺灣省行政區劃。（圖片來源：維基百科。由 Liaon98- 自己的
作品，CC BY-SA 3.0 tw, https://commons.wikimedia.org/w/index.php?curid=
29829662。）

路，走的是省道，因此在糧區間的交界，便會有警察設有檢查站，遇到卡車便攔下來檢查是否有購運證明。

糧區制度一直到 1983 年才解禁，此後米糧行可以依照需求自由進貨，架上琳瑯滿目、來自各地的米，也讓糧區制度逐漸走出眾人的記憶，只留在許多米糧行老闆年少時奮鬥的汗水裡。

三、「賣米會死人喔」：違反糧食管理治罪條例

除了管制措施，糧食局也訂定相應的罰則，作為糧食統治的手段。頒布於 1946 年的「非常時期違反糧食管理治罪暫行條例」[6]，屬於特別刑事法的一種。糧食局認為，糧食問題為經濟問題的主要原因，而在動盪的時期，如果任由商人囤積米糧，則糧食市場勢必混亂，則會引起社會秩序的不安定，因此需要有相關條例來規定何種行為構成犯罪，以及各項犯罪行為該課以何種刑罰。

〈違反糧食管理治罪條例〉主要是規範糧商「囤積居奇」的行為，何謂囤積居奇？以米糧行、碾米廠來說，若囤積超過兩百市石（相當於 20,000 公升）的米穀量，就得處拘役或是一千元以下的罰金，隨著囤積量的不同，也會有不同刑量的刑

6　1948 年經總統修正名稱為「違反糧食管理治罪條例」，以下皆使用此名稱。

責，若被抓到囤積五千市石（相當於 500,000 公升）以上的米穀，則有可能被處以死刑、無期徒刑或十年以上的有期徒刑。除了規範囤糧外，未照規定登記帳簿、送交報表，須課罰金；若超越所屬糧區進行買賣，更會課以運輸總量糧價的罰金。從儲糧、運輸到日常經營記帳等大小行為，皆須符合相關規範。

談起這條〈違反糧食管理治罪條例〉，有的碾米廠老闆直接稱為「囤積罪」，規模越大的米廠影響越深。因糧商做生意，靠的是差價與規模來獲利，但與法條的規範相悖，擔心受罰，許多人因此乾脆放棄做糧商。芳榮米廠的第四代張老闆便提到：「為了這條『糧商囤積罪』，死罪，多少人連碰（米）也不敢碰，那時候很多人都轉型，民國五十幾年、六十幾年的時候，很多人轉型，因為這條（糧商囤積罪）。」[7]

從戰後糧食缺乏的危機，一路到 1970 年代稻米產量達到高峰，榮景的背後，是嚴加的管控與恐懼。

四、領米的記憶：臺灣區軍糧交接辦法

戰後初期糧價動盪，為照顧軍人眷屬，1950 年起，聯勤總司令部與糧食局共同會訂了「臺灣區軍糧交接辦法」、「臺灣區軍糧交接驗收辦法」（陸軍總司令部、聯合勤務總司令部、

7　內容力有限公司，《日治至戰後水利與糧政影響下的臺南市米糧文化歷史調查》（臺南：臺南市政府，2018），頁 112。

糧食局於 1959 年會同訂定），開始供應軍眷糧，因為這條法令，碾米廠多了做為了軍方與民眾接觸的節點角色。

這些軍眷糧來自每次收割期由農民繳交的公糧。農民收成後將稻穀繳交給農會，農會將稻穀碾製為糙米後，再送交至各地的特定碾米廠（與各地區「聯勤軍眷服務中心」合作的碾米廠，又可稱「委託倉庫」[8]）加工為白米、封裝入「軍眷實物送補袋」，由聯勤軍眷服務中心送到眷村內發放，或由民眾自行至米廠領取。至今仍有米行留有多年前的「軍眷實物送補袋」，上頭印有「品名：85 蓬萊白米／淨重 9 公斤 350 克／軍眷食米 禁止轉售／聯勤留守業務署委託」等字樣，眷戶只要攜帶眷補證即可領取。

碾米廠作為軍眷糧領取處的歷史，一直要到全面改發代金後才結束。這條「臺灣區軍糧交接辦法」影響深遠的，不只是軍人子弟對於米廠的回憶；由於承攬公糧業務（經收、保管、倉儲、加工撥付）等於有穩定的收入，且公糧按比例加工後，若有餘米，也可以自己拿來賣，甚至米價高的時候，會有委託倉庫私下拿公糧米到市面上賣，伺糧價回穩後補回，由於承攬公糧的利潤頗佳，也扶植了許多大型的米廠誕生。

8　依照〈臺灣省政府糧食局公糧委託倉庫管理要點〉第一章「總則」第二點：「所謂委託倉庫，指經本局委託承辦公糧之經收、保管、加工撥付業務之倉庫。」（中華民國 81 年 10 月 7 日省公報 81 年冬字第六期）

圖 96：軍眷實物送補袋。（圖片
來源：全發米行。）

第二節　生產天平的轉移

歷經戰後初期的「米荒」，以及在軍糧、換取外匯的需求
下，糧食局採取了系列增產政策，第一次「五年增產計畫」
（1946-1950 年）以恢復日治時期最高稻作生產面積與產量為
目標，第二次「五年增產計畫」（1951-1955 年），以及 1953
年起配合「臺灣經濟建設四年計畫」（分七期執行）持續進行
增產，並以農產品外銷換回建設資材，以扶植工業。增產政策

使得臺灣的稻米產量在 1976 年達到高峰，產量計有 3,423,450 公噸。[9]

　　於此期間，為了達到糧食增產的目標，稻作生產的工具、流程，也在進行蛻變，並且在推移中影響著府城的米糧行樣貌，如：從日治時期的商工案內到戰後米穀公會的會員名冊，碾米廠曾經遍佈市區，但現在幾乎消失在街道上，這中間轉變的原因為何？透過市區米廠與產地米廠的對話，看見「在鄉間發生的事」與「在都市發生的事」，以及兩者是如何推移了街景的改變。

一、米如何從糧區產地進到府城

　　在回望鄉間與都市兩邊的轉變前，得先理解米糧的上下游，以及城內碾米廠在整個上下游中扮演的角色。過往稻穀的碾製流程，是由產地的碾米廠與城內的碾米廠兩邊接力完成，流程如下：

　　在此流程之下，府城內的米糧行、碾米廠有幾個特徵：

　　1. 從同一糧區的產地到市中心，火車為重要的運輸工具，

9　行政院農業委員會 農業統計資料查詢
　（https://agrstat.coa.gov.tw/sdweb/public/inquiry/InquireAdvance.aspx），
　見附錄二。

	收割	粗碾成糙米	運輸	精碾成白米	運輸	販售
地點	產地	產地碾米廠	火車/卡車	市區碾米廠	人力/獸力	米糧行
說明	農民曬穀後送到碾米廠	米在粗碾過程中產生的穀殼，在鄉間比較好處理	同一糧區產地載運到消費地的「大賣」		「小賣」的米糧行老闆到「大賣」的店進貨	

圖97：米糧生產上下游。（圖片來源：邱睦容繪製。）
說明：各地的產製流程有所異同，此為大致情形列舉。

當時貨車不如今日普遍，因此火車載運米穀到車站後，多半以牛車、人力車載到店面，也因此批發商（大賣）多半會位於火車站附近，以減短運輸距離與成本。

2. 臺南內的輕工業，如碾米廠，自日治時期即具「廠店合一」的特徵，即店家利用狹長型的街屋形式，以第一進為店面，第二、三進擺放機具，以及作為倉儲空間。若為經營零售的米糧行，則臨街處為店面，後為倉儲空間。

此空間區位的分佈，大致從日治中期一路延伸到戰後 1990 年代前，描繪了府城內的米糧行最為繁盛的樣貌，並在鄉間與都市兩邊的推移間逐漸改變。

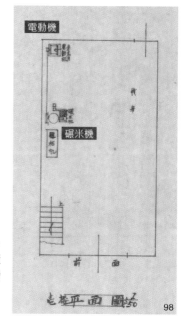

圖98：碾米廠平面圖，以長樂碾米廠為例。電動機與碾米機置於一樓店面後方，為廠店合一的形式。（圖片來源：國史館臺灣文獻館。）

說明：黑底字樣為筆者所加。

二、在農村發生的事：機械化催生大型碾米廠的出現

臺灣傳統的農業耕作，多仰賴人力與獸力。戰後面對糧食局推動的稻作增產計畫目標，起初務農的人口尚屬充足，耕牛數也足以應付。但隨著經濟逐漸發展，社會結構改變，且政府「重工輕農」的態度下，農村的勞動人口流入都市，工資也隨之上漲。為了維持稻作產量的持續增加，農業機械化為勢必推行的政策。

為解決耕牛數不足的問題，糧食局引進的第一批機械化前鋒為耕耘機，耕耘機為整地機械，可分擔原由牛隻擔任的整地工作，因此被農民暱稱為「鐵牛」，1954 年首次自美國引進，

但因不適用於水田，因此隔年又自日本引進驅動式及曳引式小型耕耘機各一臺，這款耕耘機因構造簡單、容易操作，且符合農民的使用習慣，開啟了農民對於耕耘機的興趣。國內開始陸續有廠商自行投入耕耘機的製造，或與國外企業合資開發。加上糧食局提供了購買耕耘機資金的貸放[10]，增加農民購買耕耘機的誘因，使得耕耘機逐漸普及，也逐漸取代耕牛，戰後初期的四十萬頭耕牛，到了 1970 年代末期已減少至七、八萬頭。[11]

　　1970 年，糧食局推動了「加速推行農業機械化方案四年計畫」，除了推廣耕耘機之外，也鼓勵農民大量採用插秧機、聯合收穫機、動力割稻機、切草機等新型農機具，皆提供農民購買補助，使得農機更大量地進入農村，改變了農耕的作業流程。

　　以插秧機為例，根據生物產業機械學者馮丁樹的研究，插秧機相較於以往的人工插秧，不僅減少人力，且單位面積可植的株數增加，產量較傳統手插者高出許多，廣受農民歡迎，引入的插秧機也從一次可插兩行，陸續增加到四行、六行。而插

10　「臺灣省糧食局貸放農民購買耕耘機資金計劃」，1957 年訂頒。此項貸款補助每一農戶購買一臺耕耘機的資金，每年分兩期，於一至七年的時間以當期收穫稻穀償還。

11　馮丁樹，《臺灣農業機械概論》，網址：http://taiwan-agbook.blogspot.com/search/label/%E8%BE%B2%E6%A9%9F%E4%B9%8B%E7%99%BC%E5%B1%95

秧機的使用，也推動了專業化的育苗中心興起。因插秧機須搭配固定規格的「育苗盤」，育苗中心透過機械化一貫作業及秧苗集中管理，降低了育苗成本，使得農民捨棄自行育苗，轉向中心購買育苗盤。此外，自日本引進的聯合收穫機取代了人工割稻，減少人力且效率提升……，至此，從育苗、插秧到收割，開始從人工耕作轉向了機械化耕作，也就催生了稻穀乾燥機，乃至大型碾米廠的誕生。

以往稻作收成後，農民會先運到自家前的稻埕曬穀，曬乾後儲存起來或再轉賣給碾米廠，但由於中南部的第一期收成為梅雨期，北部的第二期收成也常逢雨季，若碰到雨季，稻穀來不及曬乾，就容易發芽，造成農民損失；加上曬穀需要人力看顧、翻穀，在農村勞動力流失的情況下，雇工費用增加；且曬在庭院、馬路旁的稻穀，常有碎石等雜質，會有衛生問題。基於上述原因，1975年推行了「加速推廣稻穀烘乾機四年計畫」，推廣農民購置小型乾燥機，以及在各鄉鎮設置大型乾燥中心，逐步改變以往的乾燥習慣。

但真正改變傳統生產上下游流程的轉捩點，其實是1983年，糧區管制解禁，各地的稻穀可自由流通，許多產地的米廠也設置自己的乾燥中心，規模甚至比農會更大，農民收成後，可直接將濕穀賣給碾米廠。位於後壁的榮興碾米廠第二代賴老闆，以自家碾米廠的轉型為例：「大型碾米廠的出現，是由『需

圖 99：早期農民將稻穀曬乾後，須先以「風鼓」吹離虛穀、雜質等。

圖 100：乾燥機還未發明前，碾米廠需使用「稻穀水份計」判斷稻穀乾燥程度是否已達到可碾製的標準。

圖 101：大型碾米廠的全自動化處理設備。

求』所帶動的。因為收割機的改良，使得稻穀得以一次大量性的收割（從早期用手割稻，到割稻機可一次收割兩行、四行、六行），烘乾機的運轉無法跟上稻米的收割速度，儲藏空間也不足；而由農業社會邁向工商社會，勞力流向工廠，人力的成本也增加，而需要大量的人力的小型烘乾機，則不敷成本。也因此農家漸不自行烘乾，直接送向米廠，米廠回應這樣的需求，才逐步購入大噸數的烘乾設備。」[12]

12　內容力有限公司，《日治至戰後水利與糧政影響下的臺南市米糧文化歷史調查》，頁 73。

圖 102：產地碾米廠擁有大型烘乾、碾米、冷藏設備。

圖 103：產地工廠外觀。

　　除了烘乾設備，全自動的碾米設備也大幅增加了大型碾米廠的工作效率，成記米行老闆便提到：「一臺四千萬的全自動大型碾米機，僅需人工協助倒米，剩下步驟都可自動化。大型碾米機一次可以碾 10-20 包，小型碾米機只能碾 1.5 包，且機器碾出來的米，相較於早期的木製碾米機，可以效率的去除米糠、白米粉、糙米粉，碾出來的白米較為光華、無雜質。」

　　由此可知，隨著農業的機械化、稻作產量增加，原有的作業流程已不符時代需求，原本「農民曬穀—產地小型碾米廠碾為糙米—火車／貨車運送到同糧區的市區碾米廠精為白米」的流程，因大型碾米廠的出現而產生變化——對農民來說，收割完畢後，濕穀可以直接賣給大型碾米廠，即完成了一期稻米的工作，節省了不少曬穀、送米廠碾米的力氣；對於市區的碾米廠而言，大型碾米廠規模化的烘乾、碾米、冷藏、包裝等生產設備，可將濕穀一條龍式處理為一袋袋白米，效率比從前自行進糙米、再碾為白米還要高得多，成本卻相對低廉，也因此市區的碾米廠，便捨棄了加工業務，拆除自家的碾米機，轉而向產地的大型碾米廠進貨，成為純作批發零售的米行。

三、在都市發生的事：都市化下的空間轉移

　　位於都市的米糧行，大致分為碾米廠、米行、糧行。以糧商執照的種類來分，可分為「批發／加工／零售」、「加工／

圖 104：市區碾米廠使用的小型木製碾米機，高達一層樓。（攝於安平水木碾米廠。）

零售」、「零售」，其中，「加工」指的是使用碾米機進行碾米。早期使用的小型傳統木製碾米機，是以電力為動力，將曬乾的稻穀以土礱機、精米機兩道程序，依次碾為糙米（即「粗碾」）、白米（即「精米」）。因為整套機具龐大，且粗碾產生的米糠在都市中不好處理，因此市區內具有加工設備的米行、碾米廠，多半以精米機進行精碾為主，粗碾的工作主要位於產地碾米廠。

　　戰後隨著人口增加，相關都市計畫法令訂定，1976 年省

政府建設廳頒布〈都市計畫法臺灣省施行細則〉，將土地使用
進行分區管制，明定市、鎮、鄉、街都市計畫地區範圍內土地
視實際發展情形，劃分為住宅區、工業區、商業區等[13]。住宅
區內以建築住宅為主，不得為經營部分事業的工廠使用，其中
包含了從事碾米等使用動力超過 0.75 瓩者[14]。商業區內雖未明
訂不得碾米，但過往臺灣的都市發展脈絡，並非在明確的土地
使用分區下進行規劃，因此商業區、住宅區往往距離不遠，米
行、碾米廠多半與住宅混居。在土地使用分區的管制下，許多
具有加工設備的碾米廠不得不另覓新的地點，或是因應大型碾
米廠的一條龍式生產而順勢拆除自家的精米機。以經營糕粉磨
製的「榮記糕粉廠」為例，因為工廠位置位於住宅區與商業區
的交界，機器運轉聲容易引來鄰居關切，故於 1990 年將工廠
搬至安平工業區，現址僅作為店面；而曾有精米設備的「新瑞

13　〈都市計畫法臺灣省施行細則〉第三章「土地使用分區管制」第十四條：
　　「市、鎮、鄉、街都市計畫地區範圍內土地得視實際發展情形，劃分左列
　　各種使用區，分別限制其使用：（一）住宅區、（二）商業區、（三）工
　　業區（甲種工業區、乙種工業區、特種工業區）、（四）行政區、（五）
　　文教區、（六）風景區、（七）保護區、（八）農業區、（九）其他使用區。
　　除前項使用區外，必要時得劃定特定專用區。」（臺灣省政府公報六十五
　　年春字第三十五期）

14　〈都市計畫法臺灣省施行細則〉第三章「土地使用分區管制」第十五條：「住
　　宅區內以建築住宅為主，不得為左列建築物及土地之使用……（五）從事
　　搓繩、製袋、碾米、製針、印刷等使用動力超過 0.75 瓩者。」（臺灣省政
　　府公報六十五年春字第三十五期）

隆糧行」，則是因為自家小型碾米機的效率不如大型碾米設備，但留著機具又佔用不少空間，因此在 1985 年拆除碾米設備，改為純批發。

而另一個影響碾米廠至深的法令，則是 1983 年頒布的〈噪音管制法〉，明定了省（市）及縣（市）主管機關得視轄區內噪音狀況劃定各類「噪音管制區」，在管制區內，如工廠若製造超過噪音管制標準的音量，並未於限期改善，需處以一千元至一萬元的罰鍰。[15]而碾米設備的運作聲往往超於標準，因此部分碾米廠於此時拆除了精米機，如「正豐碾米所」，經營者歐先生表示：「退伍後為了改善家裡生意，開始經營碾米廠，但蘇南成擔任臺南市長時期，開始實施噪音管制條例，因碾米機器運作的聲音過大，故又停止碾米，僅提供白米的零售。」

除了法規的限制，都市化伴隨的市區地價上漲問題、交通工具的進步，也影響著碾米廠、米行的空間區位分佈。經營米糧業，最需要的就是空間，傳統的木製碾米機，高約一層樓，機具包含斗式升降機與精米筒，加上磅秤、辦公桌、倉儲空間，就佔去半個店面以上。以往的碾米廠與米行，結合店面、加工、倉儲的空間利用方式，或是將左右店面打通，作為倉儲空間的經營形式，隨著市區空間成本的上升，店家會傾向另覓空間，

15　〈噪音管制法〉第四條、第五條、第十條。（臺灣省政府公報七十二年夏字第五十二期）

或是僅保留原本的店面，但將倉儲空間移到更外圍。以往受限於運輸工具（牛車、人力車）而多半擇址於火車站附近的批發商，也因為貨車的普及，產區的米穀可直接送到店面，店面的位置不受限制，可選擇相較有利、成本低廉的位置。

四、現在的米糧上下游

由農業機械化、糧區管制解禁，間接催生了購置大噸數機具、自動化生產的大型碾米廠誕生，現今的生產流程大致如下：

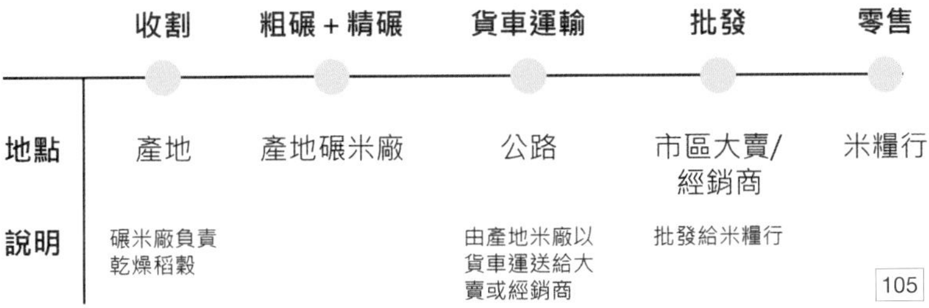

	收割	粗碾＋精碾	貨車運輸	批發	零售
地點	產地	產地碾米廠	公路	市區大賣/經銷商	米糧行
說明	碾米廠負責乾燥稻穀		由產地米廠以貨車運送給大賣或經銷商	批發給米糧行	

圖 105：米糧生產上下游（現代）。（圖片來源：邱睦容繪製。）
說明：各地的產製流程有所異同，此為大致情形列舉。

由於運輸工具進步，以及市中心空間成本的提升，現在的批發商已不集中於火車站附近，而是分散在市區，甚至有向外圍擴散的趨勢；自日治中期延續到戰後的「廠店合一」形式，

圖 106：「正豐碾米所」的招牌曾是民族路上最後一塊碾米廠招牌（現已重塗）。

也因相關法令的頒布而改變，今日已難以在市區看見碾米廠的招牌。

第三節　日常生活的變化

「永和是城市與鄉鎮的集合體。走在永和，會讓我感覺小時候『還在』，比如說某天我發現小時候一間碾米廠居然還在。有誰會在意一座失去功能、被社會淘汰的碾米廠呢？」——郭

強生口述，〈年輕氣盛時找不到的答案〉[16]

　　不只發生在永和、臺南，在臺灣許許多多曾經住宅與工廠、小賣店比鄰的城鎮，這樣的變化緩慢地在城市代謝。除了生產流程、空間區位的改變，讓人更切身有感的，或許是記憶

圖 107：許多老米糧行逐步淡出市中心的街道。

16　瞿翔，〈年輕氣盛時找不到的答案〉，《聯合文學雜誌》第 393 期（新北：聯經出版，2017），頁 128。

中遍佈在街頭巷尾的米糧行，在某一天回想起來，卻已消失在馬路上，根據臺南市米穀同業公會的紀錄，1989 年臺南市米行和碾米廠的會員數量，曾經超過六百間[17]，比現代同一範圍內的 7-11 還要密集，米行老闆回憶，加上「無牌照」的米行，可能有一千多間，但現在越來越難在路上找到一間。生活型態的轉變，無形中塑造了今日的米行樣貌。

一、曾經的鼎盛時代：「賣米最好賺」到「客廳即工廠」

「身為鄉下人，早期因為賣米生意最好，才選擇賣米的行業。」開業於 1949 年的「三順米行」老闆說道。戰後至 1980 年代，可說是府城碾米廠、米行生意最為鼎盛年代，不僅從業者眾，運轉不停的碾米聲，更是構成了一輩人的兒時回憶。

根據行政院農業委員會的農業統計資料，1967 年每人每年平均可以吃到 141 公斤左右的米，為臺灣戰後歷史以來稻米食用量的最高峰。1955 年到 1975 年，這二十年間國人平均吃的米都超過了 130 公斤，也是米行的鼎盛期。[18] 位於南門路上

17　臺南市商業會慶祝成立四十五周年紀念特刊編輯委員會，《臺南市商業會落成 45 周年紀念專輯》（臺南：臺南市商業會，1991），頁 246。

18　行政院農業委員會 農業統計資料查詢
（https://agrstat.coa.gov.tw/sdweb/public/inquiry/InquireAdvance.aspx），見附錄一。

的新瑞隆糧行老闆回憶起米行的巔峰期：「飲食習慣都是米食、資訊不發達，米行可以一日三市，有時候有錢也買不到米。所謂『殺頭的生意有人做』，米行的巔峰期共有六百多間米店，加上無牌的，有一千多間。當時一天只要能賣出二十斗米，毛利為 800 元，扣除開店成本，一個月也勉強能過下去。當時公務員一個月薪水為 6,000 元，一個家庭平均要吃六斗米。」

　　另一個將米糧業生意推向頂峰的推手之一，則是 1972 年的省主席謝東閔推出的「客廳即工廠」運動。當時臺灣的經濟結構轉為以工業為主，代工與製程產業的中小企業是經濟主體，為此，政府鼓勵家庭代工，以客廳為加工廠，利用低廉的勞動力協助打造臺灣作為「世界工廠」。在政策的推動下，市區裡許多人家都在自宅從事加工業，工作、吃飯都在家裡，因此吃米的量很大。成記米行的許老闆便表示：「那時候週一到週五整條路上都像空

圖 108：生意鼎盛時期，米行騎著機車從早送到晚。

城一樣，路上只有送米和送瓦斯的人，沒有其他人車，當時米行賣米的方式，是親送到家（顧客打電話叫米），常常騎著摩托車，不間斷地從早上八點送到晚上七點，有時候同一條街一天要送七次米。」由老闆的口述，見證了米行、碾米廠曾經繁盛的時代。

二、農村：出家門、進工廠，小型碾米廠的轉型

根據《臺南市志》，臺灣的農工經濟結構開始在 1960 年代發生明顯改變，工業生產淨額在 1963 年起超越農業，農業的就業人口也在 1964 年達到最高峰（181 萬人），此後開始緩慢減少。[19] 這樣的改變來自於政府長期「以農業發展工業」的政策，以稻米的增產換取外匯，購置工業原料與設備；低糧價政策使得工資及物價相對穩定，臺灣早期的勞力密集工業得以迅速發展，但也相對地造成了農村勞動力的流失。

農村的生活即回應了這樣的政策方向。由於糧價長期受抑制，務農的收入增加有限，也因此許多人選擇到工廠工作，不僅工資可現領，也較務農來得高。位於稻米產地後壁的「義昌碾米廠」第三代回憶：「生產米也沒有多少（錢），以前也沒有很會種啊。所以工廠一開始有的時候，大家就都跑光啦，你

19　謝國興等，〈第一章 農業政策與農業行政〉，《續修臺南市志，卷四經濟志，農林水利篇》（臺南：臺南市政府，1996），頁 4。

圖 109、圖 110：位於庄頭以服務村子為主的小型碾米廠，若未轉型則多閒置
或拆除。（攝於後壁利興碾米廠。）

沒去工廠，你也娶不到老婆。我鄰居就是去工廠娶到老婆後才回來的。」[20] 顯示工廠在收入上的優勢，吸引了不少農業的就業人口，甚至影響了社會價值（婚嫁）的判斷。

當勞動力轉移，原先農業需要的人力就減少了，不僅雇工困難，工資也受工廠影響而上漲。位於產區的碾米廠首當其衝，若是以木製碾米機進行加工的小型碾米廠，因勞力需求大，在經營上的人力成本上升；且過往服務對象，以同一庄頭的家庭自家食用為主，當人改到工廠工作，無法像從前一樣在家吃飯，食米的消耗量也下降，對於小型碾米工廠的生意也有影響。此時傳統家庭式經營的小型碾米廠，面臨轉型的十字路口，部分選擇投入資本購入相關機械碾米設備，朝向企業化經營的大型工廠，部分未轉型的，則以服務庄頭零星的碾米需求為主，待負責人屆退休之齡後歇業。

三、面對衝擊：麵食與外食，飲食習慣的改變

由農業社會邁向工商社會，社會轉型的副產品：經濟成長下的主食選擇、多元的飲食選擇、外食習慣，皆是對於米食與米糧產業的衝擊。

臺灣人向來以米作為主食，也因此從食米量的消長，可以

---

20 內容力有限公司，《日治至戰後水利與糧政影響下的臺南市米糧文化歷史調查-附錄》，頁144。

表6：歷年主要糧食每人每日平均消費量（單位：公克）

年度	白米	麵粉	番薯	年度	白米	麵粉	番薯
1956	401	6	119	1970	385	9	33
1958	399	4	74	1971	380	9	22
1961	384	8	130	1972	374	10	24
1962	392	13	62	1973	364	14	25
1963	393	7	72	1974	367	13	20
1964	395	6	83	1975	364	13	23
1965	392	6	63	1976	350	15	17
1966	393	6	40	1977	331	17	16
1967	394	7	38	1978	315	19	15
1968	381	12	31	1979	297	20	13
1969	384	9	42	1980	301	22	2

資料來源：廖士毅，〈臺灣地區家庭主要糧食消費研究〉，臺中：國立中興大學農業經濟系，1982年，頁13。

窺見飲食習慣的變化，以及米糧業生意的興衰。根據1982年的〈臺灣地區家庭主要糧食消費研究〉[21]，可以看到在家庭內，白米、番薯、麵粉等三主食的食用量消長。從此份報告可得知，1956年臺灣人平均每日平均消費白米401克，到了1980年卻僅剩下301克，差了整整一百克。若考量當時普遍「白米 番薯」

21　廖士毅，〈臺灣地區家庭主要糧食消費研究〉（臺中：國立中興大學農業經濟系，1982），頁13-14。（參考自：陳瑋全，〈戰後臺灣推廣麵食之研究〉，頁126~127）

作為主食的飲食習慣，則差別就從一餐平均消費 520 克的白米類主食，到一餐僅剩 303 克，對於白米為主體的攝取，少了兩百多克。

調查報告指出，這樣的轉變，是由於經濟發展使得一般國民所得普遍提高，日常飲食消費結構改變，認為營養攝取宜以動物性蛋白質中得來，故主食（尤其白米）消費量減少，副食消費量相對增加所致。[22]。

此外，美援時期，為了出口稻米以換取外匯，政府大量進口每噸價格低於稻米 100 美元的小麥、鼓勵廣設麵粉廠，在民間推行「以麵代米」，並且與業者成立「臺灣區麵麥食品推廣指導委員會」、「臺灣區麵麥食品推廣執行委員會」，進行教育訓練、巡迴推廣、廣播、電視等宣傳方式[23]，逐漸將麵食紮根於民眾的飲食習慣，國家力量的介入，確實改變了生活型態。調查報告也提到：「一般消費者認為麵粉是營養較好且較為可口的主食，所以其消費量常隨著所得上升而增加，且對於麵粉的消費習慣已相當適應，甚至趨於喜好，故其消費量年年顯著的遞增。」[24]

22　廖士毅，〈臺灣地區家庭主要糧食消費研究〉，頁 13~14。（參考自：陳瑋全，〈戰後臺灣推廣麵食之研究〉，頁 126~127）

23　陳瑋全，〈戰後臺灣推廣麵食之研究〉（嘉義：國立中正大學歷史學系，2009），頁 124。

24　廖士毅，《臺灣地區家庭主要糧食消費研究》，頁 13~14。（參考自：陳瑋全，〈戰後臺灣推廣麵食之研究〉，頁 127）

圖 111：多吃營養的麵食。（圖片來源：國家發展委員會檔案管理局。）

圖 112：舉辦麵食示範活動。（圖片來源：國家發展委員會檔案管理局。）

　　對於主食的消費量減少、麵食逐漸普及於日常飲食，隨著經濟政策逐漸由「客廳即工廠」的提倡，轉移為「加工出口區」、「工業區」，且服務業的就業人口增加，社會的工作型態更為多元，外食的機會增加，在家煮飯不再是唯一選擇，家家戶戶的食米量下滑。雖然小吃店、餐廳也會提供米食，但由於餐飲業者有成本考量，傾向以便宜的米為優先，不一定會採用臺灣米，後壁榮興碾米廠的賴老闆的經驗談是：「進口米的價錢、口感其實和臺灣米差不多，一方面臺灣米的價錢不能高過進口米太多，否則不好賣，使得米價高不起來；二來商家還是會選擇便宜的米，以便當店來說，一袋三十公斤的米（可供應四百個便當），但一袋米外國米便宜一百塊，商家就會選擇

外國米。」[25]當飲食習慣以外食為主後，等於將原料的選擇權也交給店家，若以壓低品質的餐食佔消費市場的多數，則對於經營臺灣米為主的米糧業者也會造成影響。

四、面對衝擊：賣米通路增加與「安全存糧」觀念的改變

戰後初年，因應國內的「米荒」與軍需，所制定的系列糧食統治政策，隨著時代演進與改革開放，已漸不符合社會需求，相關的政策也在 1980 年代後逐漸廢除，如：1983 年糧區制度解禁、1990 年軍眷糧改發代金、1997 年「糧商登記規則」廢除等，早年屬於「特許行業」的糧商，隨著制度改革，已無先前糧商的繁瑣規定以及相關罰則[26]。取而代之的，是更為寬鬆的規定。以米糧行的開業來說，現在只要向主管機關辦理糧商登記後，即可申請糧商執照賣米，少了從前的資本規範限制[27]，因此各大賣場、便利商店，乃至加油站皆加入賣米的行列。

競爭者眾的情況下，民間的消費習慣又轉為大賣場、超

---

25 內容力有限公司，《日治至戰後水利與糧政影響下的臺南市米糧文化歷史調查》，頁 74~75。

26 「糧食管理治罪條例」，廢止時間：中華民國 86 年 05 月 30 日。

27 「糧商登記規則」第二條規範「糧商登記應具備之資本條件」。

圖 113：加油站也加入賣米的行列。

圖 114：超市已成為普遍的購米來源之一。

市、便利超商等，對於米糧行產生了很大的衝擊。且隨著每個家庭的規模變小、需求的食米量下滑，買米無須尋求專業米店大量購入，只要到連鎖賣場購買小包裝米即可解決，且又可順道買齊其他用品，也因此米糧行流失了許多以家庭為單位的客源。作家詹宏志在 1996 年出版的《城市人》一書中提出了他的觀察：

　　我們購米的『單位』變小了。家庭結構的變化使得我們購米的單位變小了，過去的普通家庭（成員可能有八名、十名），一次購米的單位是五斗、十斗；但現在的核心家庭（成員可能是三名、二名），一次買米的數量，可能是十斤、二十斤。……我們對於米的『安全存糧』觀念也變了。一位老母親從鄉下來到臺北的孩子家中，看見這個年輕人家裡只有一小桶米時大驚失色的說：『如果空襲的時候怎麼辦呢？』，對一個有著戰爭與飢餓的記憶的上一代，米的存糧是生命的終極保障。

　　顯示隨著社會結構變化、安全存糧觀念的改變，單純倚靠家庭為主要客源的米行越來越難以在街頭立足。

五、面對衝擊：下一代繼承問題

過往市區的米糧行，多半為小規模、家族式經營，即以負

責人（老闆）夫妻為中心，家族成員共同分擔工作（產地巡視、進貨、送貨、帳務、倉儲管理），兼有請員工專責送米，工作家族人員亦會協助。

這樣的配置大致承襲了日治時代以來臺人經營的米商、精米工場的經營型態，即以家族成員為中心的經營方式[28]。1980年代後，賣米環境面臨顯著的：米食的消費量下滑、競爭的通路增加、安全存糧觀念的改變、勞動力成本上升……，對於以傳統家庭式方式經營的米糧行造成了很大的衝擊。當經營環境不易，就越來越難吸引下一代年輕人接班。

米行有著開店時間長（僅休週日）的特性，須配合小吃店、餐廳的營業時間送貨；且依靠人力送米、搬米，為勞力密集的工作（雖然可請員工協助，但仍需考量勞動成本）；部分米行老闆還會定期到產地、碾米廠巡視，且須熟悉農業相關知識。由此可知米糧行的經營，綜合知識的具備與相當的時間付出，是不可或缺的元素，此並非容易的工作。

在社會價值仍是以讀書為重的風氣下，米糧行的第二代多半有著各自的專業、從事其他工作，較少子女接班，這也是目

28　「本地人土礱間通常是碾米業兼米商……土礱間絕大部分採取『住宅即工廠』式的小本經營。碾米設備及廠房資本額甚小，平均職工人數少於三人，約為全島工廠職工人數的四分之一，而且多為自家人，雇工只是作為輔助性質。」（參考自：柯志明，《米糖相剋》（臺北：群學出版，2006），頁184。）

圖 115、圖 116：米行
多為屆退休之齡的老闆
所經營。

前臺南米糧行經營者普遍高齡化的原因。部分米糧行店主退休
後，會將店面傳給員工，若無員工或願意接班者，在店主屆退
休之齡後，則可能直接歇業。

第四節　當代米糧行面貌

「有多久沒踏進一間米店了？」每一世代的人都有不同的買米記憶，生活在日治到戰後初期的阿公阿嬤，或許是用明信片或電話，向米行叫米後，由老闆帶著木製的米斗風塵僕僕地送米到家；成長於 1980 年以前的世代，可能是到米店或碾米廠，秤斤論兩地買米，或是一通電話，就有老闆騎著檔車親送到家；再晚近一點，買米習慣到光線充足、有冷氣的大賣場、連鎖超市，甚至自家巷口的便利商店就可解決。

現在城市裡的那些米行、糧行、碾米廠是否還在、位在哪裡，是否仍是傳統的經營方式，或著有新的型態出現？這些散佈於城市的米糧行，又在生活中扮演什麼樣的角色，與社會有著何種關聯，這些提問所總和的便是當代米糧行的面貌。

一、老店為大宗：經營者高齡化、數量持續減少

目前仍經營中的米糧行，大多為經營三十年以上的老店，採傳統的家庭式經營。從個別店家開業的年份可以觀察到，在 1980 年以後便少有新的米糧行出現，而根據米穀同業公會說法，1989 年為米糧業的鼎盛期，此後歇業店家大增。造成米糧行減少的原因，與前述所提到的家庭結構改變（大家庭—核心家庭）、飲食習慣改變（外食增加、麵食增加）、安全存

糧觀念改變、賣米通路增加……有著密切關聯，賣米環境的嚴峻，也影響了下一代的接手意願。

　　這些米糧行老闆，大多是三十年前自行創業，或是自父母手中傳承家族事業，甚至也有開業至今便一路自行經營到現在（如：協豐米行），並無子女繼承。米糧行經營者的高齡化，加上傳承不易，也因此現任經營者屆退休之齡後，多半將店面直接收起，造成米糧行數量持續減少；缺少年輕人的加入，也使得產業轉型不易。

表7：《流轉的街道：府城米糧研究》調查店家開業年份整理

名稱	開業年份	備註
榮記號糕粉	1910 年前後	開業一百年以上
德盛米行（順興米商）	1912 年	
永吉米行	1945 年	開業七十年以上
三新碾米所	1945-1946 年間	
成記米行	1946 年	開業七十年以上
永正誠米鋪	1948 年	
三順米行	1949 年	
長樂米行	不確定，只知開業七十年以上	
水木碾米廠	不確定，只知開業七十年以上	

名稱	開業年份	備註
忠益米廠	不確定，只知 1956 年以前即成立	開業六十年以上
正合米行	不確定，只知 1960 年以前即成立	
全發米行	1961 年	開業五十年以上
泉記米行 *	1969 年	
正豐碾米所	不確定，只知 1970 年以前即成立	開業四十年以上
大明碾米所	1971 年	
新瑞隆糧行	1975 年	
德成糧行（新德成糧行）	1979 年開業，2013 年轉讓予員工	
瑞元米行	1980 年	開業三十年以上
協豐米行	1981 年	
新泰行	2013 年	近年開業
富穀樂糧行	2016 年	

說明：1. 僅計算《流轉的街道：府城米糧研究》、《延綿的餐桌：府城米食文化》之訪談店家
　　　2. 開業幾年以上，為以本書著作年份（2019）為基準計算
　　　3. 泉記米行以現任經營者起算

二、走向新型態的米糧行：商品化、客製化、服務導向

至於有下一代接手的米糧行，則較有機會因應社會變化，加入年輕人不同的經營想法。

以百年老店「榮記號糕粉」來說，傳承四代，近年第五代的女兒也加入店務經營，並將各類糕粉分裝成小包裝上網販售，一袋三百至六百克的小包裝，迎合現代人購買少量的需求，且外縣市、國外的客戶也能購買。透過網路的傳播，甚至有香港來的客人，利用網路訂購，請榮記用貨到付款的方式，將糕粉寄到住的飯店，詢問客人怎麼會遠道而來買糕粉，得到答覆說：「因為現在香港的房價、物價高漲，很多老店都歇業或搬走，像這種（糕粉）反而很難買到，所以才趁來臺灣時買。」習以為常的糕粉，竟是遠方要跨國才能取得的珍貴用品。老字號累積的名氣，加上便利的購買管道，不僅開創了另一片市場，也服務了更多有需要的客人。

自長輩手中接下老米店招牌、並提供新服務的，還有「永吉米行」。現由第三代接手經營，除了米糧買賣外，也提供客製化的米禮盒，如：寶寶米（包裝出生時的體重米）、喜米、新年伴手禮盒，並且從包裝、提袋、彌月卡的設計都親力親為，協助客戶將心意以精緻的白米送出。此外，店內也販售小農種植的有機米，雖然都是少量、不見得能創造高利潤，但秉持友

圖 117：榮記號因應家庭自用需求而販售的小包裝糕粉。

圖 118：因應生活型態改變，也提供小包裝供 DIY。

圖119：永吉米行重新設計的米袋。

善環境的精神，也納入店裡的米品項協助推廣。

　　揮別以往糧行給人在街角陳舊、昏黃燈光的印象，「新瑞隆糧行」、「富穀樂糧行」則是兩間糧行第二代試圖以窗明几淨的店面，打造嶄新的糧行形象。新瑞隆糧行現由女兒與女婿接手經營，觀察到現代人喜歡少量、一次買齊的生活習慣，店內的產品都有小包裝，也會在節慶時準備相應的食材備品，如端午節時所需要的粽繩、粽葉、糯米、栗子、蝦米、魷魚、櫻花蝦、花生、花生粉、乾香菇都可以在店裡買到。逢年過節時也會跟著變換店裡的擺設，營造節慶的氣氛，都是老闆的用心。

圖 120：產品小包裝、資訊標示。

圖 121：重新設計店面的擺設。

　　富穀樂糧行在子女接手後，以「無包裝商店」為目標，在永康打造了如同咖啡廳環境般舒適的糧行新面貌。店內賣的米、雜糧都裝在自製的透明容器中，以把手轉動即可流瀉而出，讓客人隨著自己的需求「要多少轉多少」，少量購買也不用有負擔，這樣的設計可方便客人自備容器購買，店內則會以現金折抵作為響應環保的回饋。除此之外，門口還擺放了日本進口的小型現碾機、精米機，可以看到從稻穀到白米的生產過程，也是一種食農教育的推廣。

　　也並非只有下一代傳承後才能創新。「永正誠米行」是一間由愛米成痴的兩代老闆共同經營的米行，秉持著對米的熱愛，持續想著「米還能做什麼」，而創新地研發了「日曬發芽米蔬果酵素洗顏膜」，以自家技術製成的「日曬胚芽米」搭配具有消炎、潤膚效果的蔬菜和水果，進行冷凍研磨後，製成粉狀的洗顏膜，可以洗臉、敷臉，因為純天然，還可以乾吃跟泡茶，成了店內熱銷多年的商品；此外，從安平古堡與億載金城得來靈感，考究了古代的建築工法後，經過了上百次實驗，重現以糯米、蚵灰、黑糖、石膏粉為原料的「糯米城牆」。徹底了解米的特性，並將米從單純的主食，落實在生活中，做到超越一間米行能做的事。

圖 122：富穀樂糧行自行設計的透明容器。

圖 123：店內以插畫說明購買流程。

圖124:永正誠米行以糯米重現
古建築工法。

圖125:自行研發的「日曬發芽
米蔬果酵素洗顏膜」。

除了客製化、商品化、店面環境改善、網路銷售，米糧產業還能如何升級？回歸到米食專業，開業尚不滿十年的年輕米行「新泰行」則提供了另一種選項──米食作為一種服務業。由於對米食研究的興趣，以及熱心的個性所致，本身即是老饕的王老闆夫婦，提供著另類的「售後服務」，除了賣米給客戶，還會交流煮飯技巧。像是會去客戶的餐廳吃飯，提供煮飯的建議；對於下重本選用好米的店家，則會主動幫忙推廣。針對上門買米的客人，也會提供「煮食建議」，教客人煮飯技巧、針對客人的需求推薦合適的米。在許多米糧行面臨賣米環境的考驗時，新泰行則將自身的米業知識，轉換為一種服務，成為許多小吃店、餐廳、煮夫煮婦強而有力的後盾，創造了無法被一般經銷商、大賣場取代的價值。不只是以差價買賣作為利潤來源，而以自身的經驗加值服務，或許，這正是未來米糧行的經營模式。

三、米糧行百年來的變與不變

走過百年，米糧業的足跡描繪了府城的發展史。

清領時期，許多牛車自城外載運米穀，行經牛車路，穿越小北門、大北門、小南門，來到廟埕前擺攤兜售，部分的米穀被送到了米街上的「白米店」，以「石舂臼」（tsioh-tsing-khū）舂米，店家將糙米精米為白米，並在附近留下了「粗糠崎」、

圖 126：新泰行老闆總是熱心地和客人交流米的大小事。

圖 127：兼售東南亞米，並自行設計包裝、經營自家品牌。

 174

「粟埕」等相關地名，因為精米是勞力密集的工作，廣安宮廟埕前也成了點心攤的聚集地。來到日治時期，政府推行市區改正，精米產業隨之移到了計劃道路的西門町、東門町，由於機械改良，此時以電力為動力的精米機蔚為加工主力，且即便處於殖民時期，但大小不一的米店、精米工場仍是以臺灣人為經營者居多。戰後，大街小巷曾遍佈著碾米廠、米行、糧行，隨著社會結構與飲食習慣改變、都市計畫實施、大型碾米廠興起、賣米通路等因素，到米糧行買米的經驗，已逐漸被量販店、超市取代，許多米糧行逐漸消失於街頭巷尾，但與此同時，仍有一群米糧業者，以自身的專業，試圖打造米糧行未來的經營模式。

百年以後，米街上雖已無米店，但米街、石舂臼之名仍留傳在今人的記憶中；以作為「臺南小吃」為人所知的碗粿、菜粽、米糕……仍遍佈街頭，記述了這個城市以米維生的本質。而米糧行的呢？儘管「到米行買米」已從一般大眾的生活習慣退去，但在每一口米食小吃中，米糧行悄悄地在筷尖活了下來，以臺灣產的好米與小吃業者合作了一道道難忘懷的滋味，有些小吃店與米行，買賣的關係，一眨眼就持續了三代，如果小吃飄香百年，那麼米糧行就是百年來的堅實後盾。

清領時期，城內有著由紳商籌建存放米穀以供賑濟的「義倉」，現在城市的街角裡，看起來不那麼起眼的米糧行，這百

年來依然將「米」這個生存的基本保障，一袋袋、不張揚地送到弱勢團體手中。在早年白米還非人人吃得起的時候，許多米糧行體諒大家生活辛苦，讓大家能賒米——先拿米回家，有錢再還，當時有九成以上的客戶都是要先賒米的。甚至有老闆看到鄰居付不起米錢，還無償供應多年，直到對方的孩子長大成人。現代社會，仍有米糧行主動在門口掛起

圖 128：永吉米行掛於店門口的「待用米」黑板。

「待用米」的牌子，讓需要的人也可以有管道尊嚴地取用，每一間米糧行，都可能是支持社會安定的基本力量。百年來米糧行的足跡，在城市的變動裡，不變地存在著。

128

第六章

米糧與日常生活

　　數千年來米糧一直作為臺灣島嶼飲食的一部分，最早可追溯到四千多年前，透過善化臺南工業科學園區裡的出土的 20 萬顆稻米化石（即「南關里東及右先方遺址」），可知距今 4800-4200 年前新石器時代的住民已食用穀類，也栽種稻作。時間再往後拉近一些，明朝萬曆 31 年（1603）隨著明朝將領沈有容來到臺灣的陳第，留下的第一手考察紀錄《東番記》，提到了在荷蘭人來臺以前，原住民的維生方式是「無水田，治畬種禾，山花開則耕，禾熟拔其穗粒，米比中華稍長，且甘香」且「採苦草，雜米釀」，可知當時不僅種米，也以米來釀酒。

　　爾後南部地區歷經不同政權的統治，始有漸豐的文字史料可窺探當時的社會狀況，也記錄下各政權在糧食問題上的耕耘：明朝天啟、崇禎年間，中國本土遇上飢荒，鄭芝龍即獻策，招募饑民數萬人，一人給三兩銀子，三人給牛一頭，用海舶載至臺灣，開墾荒土為田。結果成效良好，「秋成所獲，倍於中土」，開啟了臺灣作為中國沿海地區糧食補給的開端。[1] 荷蘭時期，荷蘭人政權在臺南地區招募漢人開墾，引入水牛協助水

1　黃宗羲，《賜姓始末》（臺北：臺灣銀行經濟研究室，1958），頁 6。

稻耕作；鄭氏時期，透過「營盤田」制度，寓兵於農，留下了新營、柳營、林鳳營等地名。兩百多年的清領時期，留下的各種志書，更細緻地記載各地方的農作和飲食狀況：清末史久龍〈憶臺雜記〉記載，從臺南府城到嘉義城，「途中賣食物者，以山薯粥為多，別無所售⋯⋯臺人多以山薯代飯，云多食可以益氣健胃，與內地相反。且患病者多戒食米，而不戒食山薯。」[2]可知清領時期府城周圍以米搭配番薯為主食的飲食習慣。

　　作為現代日常主食的米，其身世可上溯到幾千年前，飲食

圖 129：稻米是伴隨世代臺灣人的基礎糧食。

2　史久龍（方豪 校訂），〈憶臺雜記〉，《臺灣文獻季刊》26：4（南投：國史館臺灣文獻館，1976），頁 6。

習慣不僅於與在地風土息息相關，也可見政策影響下的痕跡。本章以常民飲食的角度出發，以南部地區為主體，看見日常三餐的百年變革，並從生活的日常點心、歲時節慶、宗教祭祀、生命祭儀等不同場合，看見米糧在其中扮演的角色。

第一節　日常飲食

一、番薯配飯的悠久歷史

常聽老一輩人說起自己是「吃番薯籤長大的」，但呷番薯籤可不只是某一輩人的專屬記憶，早在清領時期，當時南部地區的先民就已是「番薯配飯」的始祖了。

十七世紀末來臺的清朝官員郁永河在著作《裨海紀遊》，留下了當時對臺灣風土民情的觀察，記載了這裡的土性適合農耕，曰：「雖沿海沙岸，實平壤沃土。……然宜種植，凡樹籬芃芃鬱茂，稻米有粒大如豆者，……秋成納稼倍內地。」且「臺土宜稼，收穫倍蓰，治田千畝，給數萬人，日食有餘。」可知臺灣土地之豐饒。但以南部地區來說，稻作受限於冬、春少雨，且灌溉設施缺乏等原因，多為「看天田」，稻作一年僅一獲，且為旱作。以氣候與土質而言，南部平原與沿海地區，更適合種植甘蔗、番薯、豆類、麥等作物。相對北部稀少的稻作收穫

圖 130：番薯飯是老一輩人的飲食記憶。

量，以及易栽培的雜糧作物，雜糧作物——尤其是生長快速、產量高、耐旱的番薯，最常作為主食的輔助。

在南部稻米收成不甚豐碩的時候，先民以番薯混用稻米；在南部稻作時供應無虞，甚至能對外輸出時，先民碗中的依然是番薯配飯，這是為什麼？來自於稻米強烈的商品化性格。

由於氣候條件使然，使得先民在經濟作物的選擇，遊走於稻作與蔗作。為了避免大家捨棄稻田轉向甘蔗，導致糧食生產不足，清國政府不僅招來移民墾荒，康熙末年更興造了不少水利設施輔助；與此同時，福建沿海糧食短缺頻傳，也增加了種植水稻的誘因，促使農民進行的稻米品種改良。以上因素使得

一年僅一穫的南部稻作，也足夠本地食用，且有餘穀輸出。也因此在雍正年間開放稻米出口後，臺灣種植的米大舉輸出對岸。獲利的誘因，使得儘管稻米面積產量較之前為高，但考量最佳經濟利益之下，先民們反而是降低稻米在主食的消費量，而以雜糧作物作為熱量補充。[3] 無論稻米收成如何，番薯都是在主食缺乏、獲益追求時的最佳良伴。也因此有的原住民把漢人稱為「噗」，此發音有點像放屁的聲音，來自臺灣的漢人常把自己種的米賣去大陸賺錢，而以番薯籤摻米為主食。番薯吃多了很容易加快腸胃蠕動，放屁的現象自然增多，也就構成了在原住民心中的印象。[4]

　　番薯籤在日常飲食扮演重要角色，這樣的情形到了日治時期亦然。根據日治初期的報導，臺南縣（轄域北起今嘉義縣，南至屏東）每年番薯收成約兩百萬餘擔，約有七成作成薯籤。其中，九月到十一月收成的番薯大概皆用來製作薯籤。[5] 日明治35年（1902）之《臺灣金融事情視察復命書》載：「臺南地方本島人之米穀消費狀況，將米穀當作常食的不過是上層社

3　曾品滄，〈從田畦到餐桌——清代臺灣漢人的農業生產與食物消費〉（臺北：國立臺灣大學歷史學研究所，2006），頁 47、66-67。

4　蔡承豪、楊韻平，《臺灣番薯文化誌》（臺北：果實出版，2004），頁43。

5　臺灣銀行總務部計算課，《第一次臺灣金融事項參考書附錄》，頁101~102。（引自曾品滄〈從田畦到餐桌——清代臺灣漢人的農業生產與食物消費〉，頁67）

會的一部分，其他的人大概多以其他農產品混用或全部代用。混用或全部代用的食料品是番薯籤……。」從上層社會治下等苦力皆以此食料品混合米穀食用。其混合的比例乃依其經濟狀況和職業之不同而有所區別。鄉村中之農夫和市街中以勞動維生的人，其米對乾番薯的比例是二比八，中等階級是五比五，上等階級是六比四。[6]

番薯的大量採用，來自於南部高溫的氣候本身便適合番薯種植，盛產造成價格低廉，因此被廣泛地製作成番薯籤與白飯混用，根據日明治 41 年（1908）報紙載，臺南地區的番薯籤價格，百斤僅 65 錢，相較之下嘉義產的佛手柑，百斤價格要 8、9 圓。[7] 可知番薯籤為各階級皆易取得的主食代用品。日大正 10 年（1921）所做的臺灣各地農家主食調查，臺南地區以甘藷[8]為主食的比例高達 71%，次高為同樣是南部地區的高雄。

另一方面，蓬萊米推廣成功後，日大正 9 年（1920）中期後臺灣米成為熱門的出口商品，稻米價值的提升，更使得農民傾向將稻米出售，主食的不足就改以番薯替代。[9] 無論是番薯

6 臺灣銀行總務部計算課，《第一次臺灣金融事項參考書附錄》，頁 101~102。（引自曾品滄〈從田畝到餐桌——清代臺灣漢人的農業生產與食物消費〉，頁 68。）

7 〈赤崁片影／蕃薯市價〉，《漢文臺灣日日新報》，出版日期：（明治 41）1908-11-07。

8 甘藷（かんしょ）為番薯之日文。

9 〈臺灣米の內地移出　實に五百萬石突破か　九月末日迄に四百七十八萬

表 8：臺灣各地農家主食類別百分比（1922 年）。

地區別	以米為主食者（%）	以米為主食而摻甘藷者（%）	以甘藷為主食而摻米者（%）	合計（%）
臺北	25	54	21	100
新竹	5	61	22	100
臺中	8	64	28	100
臺南	3	26	71	100
高雄	6	33	61	100
臺東	25	51	25	100
花蓮	40	53	7	100

資料來源：臺灣農業金融集訊第 25 期。

配在來米，還是番薯配蓬萊米，與作為商品稻米，反映的是先民樽節食米開銷，爭取最大經濟利益的精神。

　　到了戰後，由於米荒嚴重，以及稻米需撥作軍糧、作為商品賺取外匯，稻米與番薯仍是一起肩負填飽人民肚子的使命。從中興大學農業經濟學系的「歷年主要糧食每人每日平均消費量」調查，可以看到每人每日平均消費番薯的量，在 1961 年達到最高峰[10]，顯示在戰後十五年間，番薯仍是最重要的主食之一。時間再往後推十年，到了 1971 年，臺南地區的農戶碗

　　石　農民は甘藷を喰つて米を賣る〉，《臺灣日日新報》，出版日期：（昭和 9）1934-10-04。

10　廖士毅，〈臺灣地區家庭主要糧食消費之研究〉（臺中：國立中興大學農業經濟學系，1982 年），頁 13。

中仍有一成五的番薯，此比例也遠高於其他縣市。府城米糧行
老闆的經驗也映射了同樣的情形，永正誠米行的蔡老闆回憶，
早期不富裕的年代，番薯籤與米的比例約為七比三，此為一般
人家的大致情況，也是老一輩人的「番薯經驗」。

表9：米、甘藷、麵粉每人每日平均消費量（1971年2月、7月、
　　　10月調查）

地區別	農戶			非農戶		
	米	甘藷	麵粉	米	甘藷	麵粉
臺北區	453.54	0.70	4.91	318.04	0.30	18.01
新竹區	493.30	4.74	2.25	374.66	0.80	11.95
臺中區	460.78	6.71	2.88	311.48	2.55	12.42
臺南區	438.45	119.32	2.45	307.49	16.51	10.87
高雄區	431.59	55.74	2.80	331.39	9.47	12.04
東臺區	487.98	3.27	1.22	382.50	1.67	4.26
全　省	456.64	44.82	2.74	326.03	5.04	13.85

單位：公克。資料來源：廖士毅，〈臺灣地區家庭主要糧食消費研究〉[11]

二、碗中米的變革與適應

　　日常三餐所遇到的米，無論是自家煮的飯、便當店與小吃
店供應的米，大多是咬起來口感Q黏，米粒呈橢圓狀的粳米
（蓬萊米）。但不滿百年之前，先民們碗中的可不是這一味，

11　廖士毅，〈臺灣地區家庭主要糧食消費研究〉，《臺灣銀行季刊》24：4，
　　臺北：臺灣銀行經濟研究室，1973。

取而代之的，是與各式鹹粿同樣材料，米粒細長、口感鬆軟的秈米，也就是俗稱的「在來米」。粳稻的出現，挑戰了過往秈稻作為臺灣人主食的地位，這是碗中米的變革。儘管現代大眾對於「白飯」一詞的印象已由蓬萊米取代，但在很長的一段時間裡，面對日本政府的蓬萊米品種偏好，順應南部氣候的在來米仍維持著一定的種植面積，成為產量高且便宜的糧食來源，此為適應。

　　研究清代漢人農業生產與食物消費的學者曾品滄，在論文裡提到了清代稻米的食用狀況：「清代臺灣所種植的稻米除少數作為糕餅、粿品之用的糯稻外，作為食糧者皆為秈稻。秈稻因直鏈澱粉含量較多，即使『為飯軟而甜美』，與糯稻相比，仍不若糯稻具有黏性，口感較劣。」[12] 顯示在秈稻與糯稻（糯米）中，秈稻才是當時的主食。清代既稱「秈」[13]，那「在來米」之名又是何時出現的呢？「在來」一詞源自日語「向來、一直以來、既有」之意，始於日治時期。既有「在來」種，相對地表示有著新的米品種出現。日本領臺隔年，為了讓臺灣稻米能成為補充母國的食糧，引進日本稻在臺試作，但受限於臺

12　曾品滄，〈從田畦到餐桌——清代臺灣漢人的農業生產與食物消費〉，頁96。

13　「稻：黏者為糯，次黏者為粳，不黏者為秜；秜即秈也。」屠繼善，〈卷九 物產（鹽法）/ 穀之屬〉，《恆春縣志》（臺北：臺灣銀行經濟研究室，1960），頁139。

圖 131：蓬萊米米粒較為圓短。

圖 132：在來米米粒較為細長。

灣的高溫，遲遲無法成功。直到日大正 10 年（1921）臺北州的農務主任平澤龜一郎發現陽明山的竹子湖大屯山高臺地氣候類似日本九州，建議總督府的中央研究部在此試種日本水稻；日大正 12 年（1923）時任臺中州試驗農場主任技師的末永仁，提出「幼苗插植法」，開發成功蓬萊稻栽培技術，使日本米種可以順利從山上進入平地栽種；兩年後日大正 14 年（1925）末永仁主任技師再將日本稻「龜治」、「神力」雜交育種為「臺中六十五號」[14]，不僅產量高、抗稻熱病、適應性強，且有著日本粳稻米質柔軟，米粒晶瑩剔透的特性。日大正 15 年（1926），為了向日本行銷臺灣所生產的日本粳稻，在臺北鐵道飯店舉行的「大日本米穀大會」將臺灣產的粳米命名為「蓬萊米」，取臺灣是蓬萊仙島之意，而臺灣原生的秈稻則稱為在來稻。

　　而蓬萊米又是何時傳到臺南州 [15]、並為住民所食用呢？根據臺灣日日新報於大正 13 年（1924）的報導，去年在斗六郡莿桐庄所種下的兩甲「內地種米」（即蓬萊米），得到了預期

14　日大正 13 年（1924）-日昭和元年（1926）的內地米種以「中村」為代表，日大正 14 年（1925）末永仁技師成功育種「臺中六十五號」後才取代了中村種，成為日治時期蓬萊米的代表品種。

15　當時的臺南州範圍北以濁水溪、南以二層行溪為界，包含今日行政區的雲林、嘉義、臺南。

圖 133：（左）蓬萊米之母末永仁、（右）蓬萊米之父磯永吉。

以上的成績。[16] 顯示臺南州引入的時間點，且斗六則是第一個種植的地方，並陸續推廣至北港、北門、新營、東石、新化、曾文等七郡[17]，隨著嘉南大圳的開通而逐漸擴張。[18] 儘管蓬萊米為日本政府所大力推動的稻種，在日昭和 10 年（1935）時全臺蓬萊米的種植面積已超越在來米，成為最主要的稻種，但南部受限於雨季分布，一期稻作仍是以在來米佔優勢，比例大

16　〈臺南州內地種米〉，《臺灣日日新報》，出版日期：（大正 13）1924-05-02。

17　〈臺南州下　內地種米試作　本年度から各郡で〉，《臺灣日日新報》，出版日期：（大正 14）1925-02-05。

18　蔡承豪，〈天工開物 - 臺灣稻作技術變遷之研究〉，頁 406。

約是在來米六成、蓬萊米四成，僅二期稻作的蓬萊米面積才能與在來米相當。在戰後 1960 年以前，在來米維持著四成的種植比例，且在戰後初期肥料及生產設備不足的時期，發揮其少肥耐旱的特性，再度超越蓬萊米種。[19]

在食用上，有別於一般認知的，自蓬萊米改良、種植面積增加後，臺灣人普遍改吃蓬萊米，其實不然。在蓬萊米被命名後六年（1932）一份臺北州的調查成果顯示，以蓬萊米為主食的有 121 件（23.31%），不用蓬萊米者多達 398 件（76.69%），不用蓬萊米的理由，則是因為「價格貴」、「習慣」、「煮成飯時量少」等原因。[20] 此份調查雖是以臺北州的住民為調查對象，但在蓬萊米耕作面積、生產量皆較高的臺北州都顯示如此，更何況生產量最低的臺南州？故筆者認為此份調查顯示不用蓬萊米的理由，亦可作為臺南地區的食用習慣參照。

到了戰後，食用在來米的比例依舊不少，協豐米行高福得老闆回憶：「七十多年前（民國三、四十年代），都是番薯籤配米比較多，而且配的是在來米。大概民國六十到八十年才開始吃蓬萊米比較多。」。事實上，蓬萊米與在來米的價格並無太大差異，大多數人會選擇在來米，則是因為其米粒煮起來較

19　蔡承豪，〈天工開物-臺灣稻作技術變遷之研究〉，頁 409~414。
20　川野重任著、林英彥譯，《日據時代臺灣米穀經濟論》（臺北：臺灣銀行，1969），頁 36。

表 10：臺灣人不以蓬萊米為糧食的理由（1932 年）

原因	件數	%
因為價格貴	409	55.12
習慣的關係	139	18.6
不知煮法	64	8.63
煮成飯時量少	58	7.82
黏氣多消化不良	51	6.87
附近沒有蓬萊米	22	2.97

資料來源：臺灣農友會，《臺灣農事報》

為蓬鬆，同樣的米下去煮，在來米的飯量看起來比較多，可以多盛一碗。在生活艱苦的年代，可以「多盛一碗」的在來米，是許多家庭的主食支柱。

三、早餐、午餐、晚餐

若談及自家日常三餐的米食，最常見的種類不外乎是白飯與粥。白飯與粥，只要運用米與水，經過炊煮就能完成，少了像縛粽（pàk tsàng）、炊粿（tshue kué）那樣須經繁複手續、反覆加工的過程，成為照料每日肚腹的主要食糧。從清代的方志與文獻，即可看到「富者以米煮熟炊乾為飯，貧者以米和地瓜煮粥」[21] 的飲食紀錄。到了日治時期，更有許多日籍與臺籍

21　林百川、林學源，〈風俗考〉，《樹杞林志》（臺北：臺灣銀行經濟研究室，1898（1960）），頁 99。

的民俗研究者，如：池田敏雄、梶原通好、王瑞成、陳玉麟等人，記錄了臺灣人的吃食，其中也包含了飯與粥的烹調方法與種類。延續到今天，早餐吃粥、午餐與晚餐吃飯，仍然敘寫了一輩人的飲食記憶。

「煮飯的方法有瓠飯[22]與濆飯[23]兩種。瓠飯是在鍋中放入大量的水再加米進去煮，等水沸騰後就用飯耒[24]把飯鑕出，放在飯桶中再炊熟。」[25]池田敏雄在《民俗臺灣》[26]裡介紹了日治時期臺灣人慣用的米飯烹調法「瓠飯」──將米與水放入鍋中煮沸，米粒浮起後，再撈至飯桶蒸熟。而「濆飯」為在土鍋內放入適當米與水、慢慢炊熟的煮飯法，多為小家庭採用。研究清代飲食的學者曾品滄分析，「瓠飯」烹調法，可一次產生乾飯、粥、米湯三種製品，撈起的乾飯可提供勞動量大的成年男子使用，餘下鍋內的粥供婦女、小孩等其他家人食用，米湯可作為生活輔助用途，加上燃料使用較少，為農家普遍的做

---

22 瓠飯（hia-pn̄g），米食的烹調法之一，「瓠」有掏取之意。

23 濆飯（būn-pn̄g），以鍋子來煮，即現代所熟知的土鍋煮飯。臺日大辭典（http://taigi.fhl.net/dict/）稱其為「日式的煮飯法」。

24 飯耒（pn̄g-lōe），拿飯的器具，又稱為「飯籬」、「撈飯」。

25 池田敏雄，〈臺灣吃的習俗資料──出於臺北艋舺〉，《民俗臺灣》第七輯（臺北：武陵出版，1991（昭和 19 年）），頁 182。

26 《民俗臺灣》創刊於昭和 16 年（1941），發行了近五年的時間，是臺灣第一份以臺灣民俗與民俗學為主題的專門刊物，執筆者來自各行各業的日臺籍研究者，紀錄的主題包含信仰、飲食、年節、占卜、皺術等，反映了日治時期臺灣的風土民情。

134

135

圖 134：飯桶。又稱「炊斗」，用來盛裝米飯的道具，以木板製成，
半熟的米從鍋中取出、放入飯桶後，再蒸熟。（圖資來源：國立
臺灣歷史博物館典藏網。）

圖 135：飯籬。又稱「飯耒」、「飯撈」以竹子製成的勺型道具，
當鍋中的米半熟後，就用飯籬把飯撈出。（圖資來源：國立臺灣
歷史博物館典藏網。）

法。[27]

「瓠飯」所留下的米湯，留待酸敗後可拿來洗滌衣物，據說能使得白色的衣服更白、青色益清，所以主婦都不會浪費，也有人將米湯作為豬的飼料。王瑞成在〈煮食、炊粿、捕粽、醃豆油〉一文也提到，剩下的飯湯叫做「泔」，可替代飯後要喝的茶、糊上衣服可漿直衣服。[28] 可知除了食用外，米飯烹調過程中的副產品，因為具有黏度與營養等特性，也是簡易的生活代用品。

由於米飯經濟價值較高，故在食用上也是節儉著吃，也因此以一般經濟狀況的家庭而言，「粥」才是日常三餐最常相伴於碗內的料理。粥相較於白飯，因烹調時加了多量的水、少量的米，可以增加整體料理的分量感。粥因充滿水分，容易感到餓，因此會適時地加入當地盛產的作物，增加飽足感。南部天氣炎熱，番薯產量高，習慣將番薯切成細條並曬乾製成簽，一年四季都可以加入料理，稱「番薯籤糜」；北部因多雨，少製成番薯簽，多吃新鮮地瓜，稱「番薯塊糜」。番薯入粥的情形普遍，甚至有「食米仔貨」一詞的出現：由於白米缺乏，因此

27　曾品滄，〈從田畦到餐桌——清代臺灣漢人的農業生產與食物消費〉，頁174。

28　王瑞成，〈煮食、炊粿、捕粽、醃豆油〉，《民俗臺灣》第四輯（臺北：武陵出版，1991（昭和17年）），頁20。

身體健康的人都以番薯簽（摻一點點白米）為主食，只有病人
會吃純米飯，因此稱病人為食米仔貨。

　　除了番薯糜外，曾在屏東潮州信用合作社擔任書記的黃連
發先生，還採集了十多種粥的種類，發表於《民俗臺灣》雜
誌，記載了米糕糜（在清粥中加入砂糖，或是冬瓜、蜜餞、龍
眼乾）、鹹粥（包含豬肉、魚、乾蝦、香菇等）、芋頭粥、綠
豆粥、米豆粥、菜瓜粥、菜頭粥、烏甜仔粥（烏甜仔即龍葵）、
番椒仔葉粥（番椒葉又稱唐辛葉或雞心椒）、米豆仔花粥（大
豆的花、米）、伯勞仔粥（伯勞鳥的肉）等種類，此外還有加
入皇帝豆、豇豆、豌豆者，不勝枚舉。[29]

　　以食用的粥與乾飯的時間點來說，街上的店家因就眠較
遲，起床較遲，早餐用粥，以漬物為佐菜，午晚餐則食用乾飯
或粥。農家則相反，由於就眠較早，晚上所需勞動力較低，晚
餐用粥。農家只在插秧、收割等農忙期的時候吃米飯，由於勞
動量大，一天通常吃五餐，其中兩餐用粥，三餐吃乾飯。[30] 上
述僅為大致情況，實際上，除了農家與城鎮的生活習慣造成差
異外，經濟狀況也決定了飲食內容，比較貧苦的人家，可能三

29　黃連發，〈農村的粥〉，《民俗臺灣》第六輯，（臺北：武陵出版，1991（昭
　　和19年）），頁136~139。

30　梶原通好、李文祺譯，《臺灣農民的生活節俗》（臺北：臺原出版，
　　1994），頁106、池田敏雄，〈臺灣吃的習俗資料—出於臺北艋舺〉，頁
　　191。

餐都吃粥，也因此有句話叫「加人、加水、無加米」，指的是即使人口增加，也只增加粥水，不加米的狀況。

第二節　米製點心

「點心」（tiám-sim）一詞如其字義所示，會讓人聯想到份量輕巧、價格平實的小食，日治時期出版的《臺日大辭典》則定義點心為「三頓中間 ê 食物」（三頓中間的食物），揭示了點心的食用時機。早期從事勞務工作的臺灣人，因體力消耗大，在日常三餐之外，還需要補充點心作為熱量來源，這些點心包含了今日所熟知米糕、肉圓、碗粿等小吃。除此之外，點心也指的是歲時節慶的應景點心，如春節的粿類、端午節的粽子、重陽節的麻糬……。甚至宗教祭祀用的紅龜粿、紅圓、鳳片龜也屬於點心之一。《民俗臺灣》曾刊登了一篇〈點心以及新春的食品〉，著者王瑞成認為點心須具備的條件如下：

（一）具有容易消化吸收的功能，這些食品該多是磨過的、推過的、揉過的材料為多，質料大都很細緻，發酵食品也不少。

（二）份量不一定多，卻容易感到飽腹。

（三）容易攜帶久存的。

除了上述基本條件，隨著現代社會進步，更該具有「優雅的型態美，及視覺上的體裁之訴求」且「顯現使用目的，有情感上的配合及調和」。[31]

除了易攜帶、質料細緻、容易飽腹等特點之外，這些常見的糕粿點心，還有一個共通的特點，即原料多來自稻米。由於稻米是島內主要的糧食作物，無論各階層的民眾皆可取得，先民便利用所種植的糯稻、秈稻，因應其特性，發展出不同的米製點心，並在百年的發展之下，為其賦予各式意涵，逐漸形成了在日常點心、歲時節慶、宗教祭祀、生命祭儀上的米食傳統。

一、作為三餐的補給

「我就快要軟癱在臺南府城最古老的『米街』的街頭上了。我決心在『米街』邊的點心攤聚落『石鐘臼』，吃一碗府城頂有名的米糕了。」——葉石濤，《紅鞋子》[32]

臺南以小吃之名享譽全臺，應是被社會所公認的。說起臺

31　王瑞成，〈點心以及新春的食品〉，《民俗臺灣》第四輯（臺北：武陵出版，1991（昭和 17 年）），頁 61。

32　「石鐘臼」即今日所稱之石舂臼。葉石濤，《紅鞋子》（高雄：春暉出版社，2000），頁 202。

圖 136、圖 137：至今仍有不少老店冠以發源地之名，如：小西腳碗粿、圓環頂肉粽菜粽。

南小吃的起源，來自早期從事勞力工作者，有著在三餐之外補給點心的需求，因此在廟口、在城門等人來人往、交通匯集之處，逐漸形成了點心攤，販售著碗粿、擔仔麵、米糕等有著價格便宜、食用便利、攤位即食、略止飢腸特性的小食，讓勞動者能「吃了再上」，除了今日我們所熟知的石舂臼、小西腳（小西門）、東門圓環外，日治初期，包含大西門腳（今宮後街與西門路交叉口）、水仙宮口、開仙宮前（開山宮前）、竹仔街頭（今忠義路與永福路間的民權路段）皆有流動的點心攤，[33]都曾是小吃「一級戰區」。

在這些小吃中，有不少即為米食。世居府城的歷史學者石萬壽教授，曾整理了〈臺南府城的行郊特產點心〉，列舉出米食類的點心，包含：茯苓糕、雪片糕、米糕、筒仔米糕、油飯、紅蟳米糕、菜粽、糯米腸、肉粽、鹹粽、狀元粿、炒米粉、鼎邊銼、碗粿、芋粿、鹹粿煎、甜米糕、米糕麼、九層粿、湯圓、鹹圓仔湯、麻糬、白糖粿、鹹粥、米篩目。[34]洋洋灑灑有二十多種，可知米食點心之豐富。

33　〈南瀛零信／驅罰行商〉，《臺灣日日新報》，出版日期：（明治41）1908-12-18。

34　石萬壽，〈臺南府城的行郊特產點心—私修臺南市志稿經濟篇〉，《臺灣文獻》31：4（南投：國史館臺灣文獻館，1980），頁87-91。

表 11：府城點心擔常見點心、原料與做法

點心種類	原料	做法概述
茯苓糕	糯米	茯苓磨成粉末，混合糖粉、糯米粉，過篩後壓實（中間亦可夾上一層紅豆餡），在糕的表面畫出平行線，放入蒸籠蒸熟。
鳳片糕	糯米	熟糯米磨成粉，加糖水反覆揉捏成團、塑形即可。
米糕	糯米	長糯米浸泡後蒸熟，盛入碗中後澆上肉燥、魚鬆、小黃瓜等佐料。
筒仔米糕	糯米	將肉片、長糯米放入陶罐蒸熟。
油飯	糯米	長糯米洗好後炊蒸，再拌入滷好的肉燥湯汁攪拌均勻，攪拌後加入已爆香的蝦米、香菇、肉絲等佐料做第二次翻炒。
菜粽	糯米	將長糯米、花生包入粽葉後入水煮熟，食用時加醬油、花生粉、芫荽等。
肉粽	糯米	長糯米、碎肉、花生、香菇、蛋黃等，調好五香末、醬油等調味品，包入粽葉內煮熟，食用時加魯肉汁、芫荽等。
糯米腸	糯米	糯米、花生、油蔥、蝦米略炒一下，或直接灌入豬大腸皮內煮熟。
鹼粽	糯米	又稱「焿仔粽」，糯米和鹼粉調和，包入粽葉內煮爛，食用時加糖。
甜米糕	糯米	長糯米浸水泡軟加酒蒸熟時，趁熱加糖粉或花生糖粉拌勻，再蒸至糖融化後取出，倒入鋁盤內壓平、切塊，食用時再煎熟。
米糕糜	糯米	糯米浸水泡軟加酒蒸熟時，趁熱加糖、龍眼乾煮至爛。
湯圓	糯米	浸泡糯米後磨成漿，再壓乾製成粿粞，反覆揉捏成條，切小塊，再搓成球狀，丟入沸水內待其浮起後再撈起來。

199

點心種類	原料	做法概述
鹹圓仔湯	糯米	將糯米粿粞包入瘦肉、蝦米、蔥蒜等餡料，揉成圓球狀，丟入沸水後煮熟。
麻糬	糯米	將圓球形的糯米糰壓成圓盤狀，或內包已煮熟的紅豆、綠豆等，入蒸籠蒸熟，再包入細糖、芝麻粉或花生粉，外皮再滾上芝麻糖粉、花生糖粉。
白糖粿	糯米	將未包糖的糯米糰拉長略捲，入油鍋炸熟，再滾上白糖。
雙膏潤	糯米	糯米磨成漿後壓乾，再將整塊壓乾的糯米糰磨成粉。蒸籠內放一塊布，再鋪上一層年糕紙，撒上糯米粉，再將水均勻撒在糯米粉上直到濕潤。接著撒上黑糖，再重複多次灑粉、灑水的動作，炊蒸而成。
狀元粿	在來米	將在來米粉倒入木製蒸器，加熱蒸熟，蒸到快熟時，粿上再鋪花生粉、芝麻粉、肉燥（擇一）。
炒米粉	在來米	浸泡在來米並磨成漿，瀝乾後在金屬做的篩狀器中擠壓成細條狀，放在架上曬乾而成。食用時將米粉加肉絲、高麗菜、香菇等炒熟。
鼎邊銼	在來米	在大鼎內裝上四分滿的湯燒熱，將調好的在來米米漿向大鼎邊緣慢慢澆（俗稱銼）下去，形成一層薄薄的粿。食用時將薄粿切成小塊，與蚵仔、香菇、木耳、金針等料放入湯中煮熟。
碗粿	在來米	將在來米磨成米漿，加入調好的肉燥、醬油、佐料放入碗中蒸熟。
芋粿	在來米	在來米漿中，加入肉燥湯、芋絲，放在蒸籠中蒸至半熟時，鋪上肉片、蝦米、鮮蝦等，再蒸至全熟。
鹹粿煎	在來米	在來米磨粉，加蔥、肉燥、花生等蒸熟後，切成長方形薄片，沾上豆粉油炸而成。
九層粿	在來米	在來米漿分成數碗，分別加白糖、黃糖等，先將調黑糖的米漿倒入蒸籠中蒸至半熟，再倒入摻黃糖的米漿做第二層，如此反覆炊蒸至九層。

點心種類	原料	做法概述
鹹粥	在來米	將乾飯或生米在肉湯中煮沸,加上佐料而成。
米篩目	在來米	在來米漿煮到黏稠後,倒在有孔洞的篩網上來回地搓,使米漿從孔洞流出,掉入下方滾沸水的鍋中,成為條狀的米篩目。
肉圓	在來米	外皮以在來粉與地瓜粉混合,用溫火慢慢攪拌讓粉漿凝結成皮,內包肉末、蝦仁調製成的內餡後蒸熟。

資料來源:整理自石萬壽,〈臺南府城的行郊特產點心〉、黃婉玲《阿嬤的廚房:尋找臺灣道地古早味,讓人難忘的 36 種懷念好滋味》[35]、《百年臺灣古早味:尋訪真實老味道》[36]。每道點心的烹調手法各有異同,並無固定方式,此處僅為列舉大致情形。

138

圖 138:米糕(原料:長糯米)。

---

35 黃婉玲,《阿嬤的廚房:尋找臺灣道地古早味,讓人難忘的 36 種懷念好滋味》(臺北:樂果文化,2012),頁 49、99、139、217。

36 黃婉玲,《百年臺灣古早味:尋訪真實老味道》(臺北:健行文化,2011),頁 113-114。

圖 139：油飯（原料：長糯米）。

圖 140：碗粿（原料：在來米）。

圖 141：白糖粿（原料：圓糯米）。

圖 142：糯米腸（原料：長糯米）。

圖 143：鼎邊銼（原料：在來米）。

　　上述的米食點心，靈活運用本產稻米（糯米與在來米）與盛產作物，創造出蘊含風土的滋味，不僅顯現了地域獨特性（如菜粽被稱為「南部粽」），且因就地取材而價格便宜，是大眾皆可接受的小食。

　　南部因日照充足、旱季明顯，適合種植落花生、雜糧（紅豆、綠豆、芝麻）、甘蔗等作物，在諸多點心皆可見到它們的存在，如：花生入菜粽、糯米腸；花生粉被廣泛運用在各式糯米點心（麻糬、白糖粿、狀元粿、湯圓、麻糬等），也是粽子的固定佐料。而甘蔗所提取出的糖，更是不可或缺的存在，賦予外地人南部食物「甜甜」的印象。

在功用能性上，除了填補來往者即時性的飢餓，府城因匯集各行各業、人潮絡繹不絕，也增添了點心種類的豐富度，並成為城外草地人攜回家鄉的伴手禮：

　　肉粽因為攜帶方便，是城外草地人長途跋涉到達城內後的優先選擇，尤其是採買完畢需要返回故鄉時，出城前買幾顆粽子，亦方便途中充飢果腹，或是當成府城美食餽贈親友，是攜帶方便而且受歡迎的伴手禮。[37]

　　點心不僅作為三餐的補給，也反映風土、成為贈禮，部分點心的製造地，甚至在長時間下約定成俗的成為了一地的地名，並被記載於古地圖上，如：大上帝廟旁的麻糍巷、小南門外的米粉埔、孔廟邊的米粉間、縣城隍廟旁的茯苓膏街，甚至未載於文獻卻流傳在老府城人口中的碗粿巷[38]（普濟殿旁），皆銘刻了米食與城市的飲食記憶。

37　謝仕淵、簡明捷、石文誠、陳怡宏、劉維瑛，〈導覽專文〉，《古城‧新都‧神仙府：臺南府城歷史特展》（臺南：國立臺灣歷史博物館，2011），頁101。

38　碗粿巷位於立人街，三代世居於此的黃家米糕栫第三代黃銅山表示，自己的祖父黃塗便有「碗粿塗」的外號，顯示黃家早期亦為此地碗粿販售的一員。

圖144、圖145：內包花生，粽上再撒上大量花生粉，為南部粽常見做法。

二、米糧的一年行事

「稻之糯者為秫,味甘性潤,可以磨粉,可以釀酒,可以蒸糕。臺人每逢時歲慶賀,必食米丸,以取團圓之意,則以糯米為之也。端午之粽,重九之粢,冬至之包,度歲之糕,亦以糯米為之。蓋臺灣產稻,故用稻多也。」——連橫,《臺灣通史》[39]

○ 以粿類開啟新年

若問起米糧行,一年哪個時候生意最忙碌?十間有九間一定會回答:新年!每年的農曆春節前,都是米糧行忙到不知日夜的日子,從古到今皆然。即便生活型態變遷,但用米的需求不減——早期家家戶戶講究過年自家米缸需裝滿,象徵來年也「有飯吃」,因此趁著年前到米行買米;現代社會則是許多餐飲業者趕在農曆年前進貨,以備過年期間開店的需求。另一項頻繁用米的需求,則是「過年炊粿」用的粿米。所謂「粿米」指的是用來炊甜粿的圓糯米、用來炊鹹粿的在來米。每年的正月(農曆一月)可以說是一年之中做粿最多的月份,需準備粿類來祭祀神明和祖先,《安平縣雜記》的〈風俗〉一文便提到:「除夕之日,各家均備饌盒、牲醴、葷素、菜品、年糕等物以

39　連橫,〈風俗志/飲食〉,《臺灣通史》(臺北:臺灣銀行經濟研究室,1962),頁 605~606。

祀神、祭祖」[40]，年糕指的即是甜粿、菜頭粿、發粿等粿類，粿上再插支飯春花（又名長春花、金盞花、金錢花），象徵有「剩」（春）[41]，有剩餘之意，類似年年有餘的吉祥意涵。

　　甜粿製作的古法，是先將糯米浸泡一夜，再加入少量的水以石磨研磨成漿，接著將米漿倒入厚棉袋中，袋口綁緊，以石頭壓在袋上將水分壓出，使米漿成為固體狀，稱為粿粞（kué-tshè）。將之放在細目篩、箕籃或木板上，以糯米一斗加白砂糖或紅砂糖十二斤的比例來加入砂糖，接著充分搓揉使砂糖溶解，最後放入鋪有白棉布的蒸籠蒸兩三個小時即完成。鹹粿的做法雷同，只不過改為使用在來米，以同樣的手法擠壓出粿粞置入桶中，另外將豬肉以食鹽調味放在鍋中炒，加入乳糜汁稍微加熱後，放在鋪著白棉布的蒸籠中蒸熟即可。也有以生蘿蔔取代豬肉者，稱菜頭粿，以芋頭和豬肉調味的稱芋粿。[42]

　　甜粿使用的糯米，因直鏈性澱粉值低、支鏈澱粉值（膠性澱粉）高，煮熟後黏性很高，口感較 Q；鹹粿使用的在來米，因直鏈性澱粉值高，烹調後的口感鬆軟。兩者一鹹一甜，都是過年的必備食品。但作為供品的甜粿，必須等到初二才能吃，

40　不著撰人，〈風俗〉，《安平縣雜記》（臺北市：臺灣銀行經濟研究室，1959），頁 9。

41　春（tshun）的臺語發音與有剩（有賰，ū-tshun）相同。

42　參考自陳玉麟，〈臺灣傳統美點製法〉，《民俗臺灣》（臺北：武陵出版，1991（昭和 20 年）），頁 150。

圖 146：農曆年前市場販售的甜粿。

圖 147：農曆年前市場販售的菜頭粿。

這是因為吃甜粿時，要先用油在鍋裡煎，粿煎熟時酥酥脆脆的狀態稱為「赤赤」（tshiah- tshiah），而「赤」的發音和臺語的窮（散赤，sàn-tshiah）發音類似，有不吉利之意。[43]

「呷甜甜，好過年」一詞在今日依然朗朗上口，即便因炊粿手續繁瑣，現代人已少自己動手炊粿，但年前走一遭市場，各家糕餅鋪、攤販仍熱熱鬧鬧擺滿了各式甜粿、鹹粿，除了以糯米與紅糖為主原料的原味甜粿，還發展出了紅豆、黑糖等口味，可知「呷粿」的風俗仍存續在現代人的生活內，作為一年之春的起頭。

○ 三日節：祭祖專用草仔粿

「三月三日，採鼠麴草合粉為粿；薦祀之餘，以相贈遺。」[44] 農曆三月初三又稱為「三月節」、「三日節」[45]，是漳州人祭祖的日子，當日會準備鼠麴粿（又稱草仔粿、鼠殼粿），外皮以粿粞（kué-tshè）加入鼠麴草揉成，內餡包乾蘿蔔絲，捏成淡綠色、手掌大小的粿，以蒸籠蒸熟而成。粿上通常印有龜甲

---

43 鈴木清一郎（馮作民譯），《臺灣舊慣習俗信仰》（臺北：眾文圖書，1989），頁 433~434。

44 高拱乾，〈風土志／歲時〉，《臺灣府志》（臺北：臺灣銀行經濟研究室，1960），頁 191。

45 根據廖漢臣的說法，大抵北部民眾稱為「三月節」，南部民眾稱為「三日節」。參考自廖漢臣，《臺灣的年節》（臺中：臺灣省文獻委員會，1973），頁 66。

圖 148：鼠麴草製成的草仔粿。

或桃的紋樣，象徵子孫繁榮，也因此常被用在掃墓、普度。[46]
而三月初三之所以作為漳州人的祭祖日，有一說來自某年清明
節，漳、泉移民因買菜發生糾紛，釀成一場前所未有的械鬥，
經過官府的調解，才規定漳州人做「三月節」，泉州人做「清
明節」。隨著移民定居臺灣日久，資源漸豐，已漸無三月節與
清明節之分，戰後國民政府將四月五日訂為民族掃墓節，但無
論是三日節或清明節，不變的是草仔粿作為祭祖用的傳統。

46　吳瀛濤，〈衣食住〉，《臺灣民俗》（臺北：眾文圖書，1998），頁
　　203。

○ 過節要圓：半年圓、冬節圓

現代人對於逢年過節吃湯圓情景肯定不陌生。湯圓又被暱稱為「圓仔」（înn-á），有團圓之意，每逢祭祖、佳節，都會準備。

圓仔的製作古法，是在糯米中摻十分之一的粳米，放在水中浸泡一夜，用石臼磨成乳糜狀後製成粿粞（kué-tshè），揉捏後取約四十匁[47]的份量做成四、五寸的圓柱體。將其以每塊四、五份的份量分開，揉成球狀丟入沸水內待其浮起後再撈起來，摻入糖水後使用。[48]

過去圓仔主要是用來作為祭品。吳瀛濤在《臺灣民俗》裡寫道：「農曆六月初一，稱為半年節，即一年之一半。這一日祖籍為漳州者，以紅麴、米粉為湯圓，稱『半年圓』，以之祀神祭祖，拜謝上半年之保佑，並祈求下半年之平安。食湯圓，取意圓滿平安。一部分人改於農曆六月十五日拜半年節。泉州籍民，不祭。」[49]

時序再往後推移半年，來到冬至，冬至時要「拜冬節」。「冬至前夜，家家戶戶忙於製『冬節圓』（湯圓），為冬夜團樂。冬節圓，糯米磨成豆狀，製紅、白兩種。另作雞蛋大之湯

47　匁（もんめ），約 3.75 克。四十匁約 150 克。
48　參考自陳玉麟，〈臺灣傳統美點製法〉，《民俗臺灣》，頁 154。
49　吳瀛濤，〈歲時〉，《臺灣民俗》，頁 17。

圖 149：圓仔。

　　圓紅白各六，內包糖料、花生粉等，稱『圓仔母』。……冬至日早晨，以冬至圓祭拜神明祖宗，燒金鳴炮。中午後，再以冬節圓祭祖。」[50] 提到冬節圓，府城振香居餅鋪的後代陳淑枝女士則提醒，冬節圓的紅白湯圓，分別代表金、銀，吃的時候不能說要吃紅色、白色，要說吃金色、銀色，且不能一整晚都盛白色的湯圓，這是因為喪事祭品也會有一整碗的白湯圓。

　　隨著社會風俗的改變，「半年節」已逐漸淡去在生活之中，僅在關廟、歸仁一帶仍有部分居民保有此傳統，惟冬至吃圓仔的習俗仍根深蒂固，不過以往以祭祀功能為主的圓仔，在消費社會的包裝下，反倒以祭各人五臟廟的印象被代代往下流傳。

50　吳瀛濤，〈歲時〉，《臺灣民俗》，頁 31。

○五月節裡的糯米粽

農曆五月五日為端午節，又稱「五月節」，是許多米行一年之中的第二個大日子，這自然是來自端午包粽的悠久傳統。據《安平縣雜記》記載，這日「於午間備牲醴、大麵、肉粽、糖粽、西瓜、鳳梨、番檨、白糖、桃李以祀神及祖先。」[51] 可知粽子在這個節慶裡，是祭祀神明祖先的必備品，這樣的傳統也一直延續到今日。有炊粽習慣的家家戶戶，或是市場的攤販，無不在節日之前向米糧行購齊用料，麻豆合興碾米廠的第二代陳女士回憶：「每次端午節的時候，要用糯米，我都要舀米舀到這邊（虎口）都腫起來。」[52] 位於北門路，過去會自行炒花生、製作花生粉的德成糧行也表示：「花生粉也是端午節最熱賣的商品，可賣至上千斤。」粽子的食用量之大，從花生粉的用量就可見一斑。

府城常見的粽子有鹹粽（包含肉粽、菜粽）與鹼粽[53] 兩種，鹹粽的原料是長糯米，鹼粽則是圓糯米。鹹粽的做法係以浸泡過的長糯米，以及香菇、豬肉、蝦米等炒料，以竹葉包裹後，入水煮熟。菜粽做法類似，只是以花生為佐料，也有以月桃葉

---

51 不著撰人，〈節令〉，《安平縣雜記》，頁 4。

52 內容力有限公司，《日治至戰後水利與糧政影響下的臺南市米糧文化歷史調查》，頁 103。

53 又寫作焿粽。

圖 150：鹹粽（肉粽）。

圖 151：鹼粽。

圖 152：端午節米行也會順勢販售粽葉，可知需求之大。

包裹，吃的時候混合著熱氣，散發出月桃葉的清香。鹼粽的做法則是先浸泡圓糯米，去除水份後，將米混合鹼粉包入粽葉內煮熟，冷卻後可沾砂糖一起食用。

雖然包粽子為端午節的過節傳統，但若適逢正在服喪期的人家，習慣上不能包粽子，必須由親友贈送，臺語稱為「送節」（sàng-choeh），也是慰問親友的一種方式。

○ 重陽：麻糬與長壽

農曆九月九日，日月皆值陽數，故名「重陽」或「重九」，也因九的諧音「久」，重久有長壽之意，因此這一天又被視為敬老節。臺南的先民都怎麼過重陽節？根據《安平縣雜記》記載，這一天文人雅士登高飲酒，孩子們趁著秋高氣爽、涼風習習，用紙糊成鴛鴦、八卦河洛圖樣的風箏一比高下。重陽節當然也有應景的食物──「九月九日，重陽節。人家以麻糍、甘蔗、柿祀祖先及神」。[54]「麻糍」即麻糬，以糯米製成。作法是將浸泡後的糯米磨成漿，放入袋中擠壓出水分，製成粿粞（kué-tshè），內包已煮熟的紅豆、綠豆等，入蒸籠蒸熟，外皮再滾上芝麻糖粉或花生糖粉。

---

54 「是日，里塾放假，學徒仍送節敬。士人有載酒為登高會者。秋高風大，童子用紙糊成如鳶、如寶幢、如八卦河洛圖各樣，於高原因風送之，以高下為勝負。繫以響弓，其聲清越而遠聞。夜或繫燈於上，遠望若炯炯巨星。」不著撰人，〈節令〉，《安平縣雜記》，頁6。

圖 153：天心軒素食喜餅的歲時行事曆。

圖 154：天心軒素食喜餅製作麻糬。

除了文獻上記載以麻糍祭祀祖先及神明外，民間也相信食麻糍可明眼益壽[55]。而每逢重陽節都會販售麻糬的天心軒素食喜餅，老闆娘則提供了另一種說法：「麻糬可拉得長長的，有象徵長長久久的意思，可用來祝長輩長壽。」也是現代人以麻糬作為重陽佳節應景食物的詮釋。

○ 冬至：府城人的菜包

冬至又稱為「冬節」，在這一天除了食圓仔添歲，府城人還有一項特別的習俗——食菜包。

「冬至節，家家作米丸及菜包以祀神及祖先」[56]米丸即「冬節圓」，而菜包則非一般路邊包子店所售的麵粉菜包，而是外皮以糯米製成的，形狀類似金元寶，內包筍絲、豆干、菜脯等餡料，一年僅做一次的「冬至菜包」。冬至菜包的外皮做法類似紅龜粿的粿皮，口感Q黏，早年家家戶戶會在冬至前一天就先準備好，冬至當天早上炊菜包祭祀祖先，現在則多半不自行製作，直接向傳統餅舖購買，仍有在販售的傳統餅舖，包含：萬香餅舖、金加紅龜粿、天心軒素食喜餅、吉慶行、好事多餅舖等。

55　范勝雄，〈重陽登高〉，《府城的節令民俗》（臺南：臺南市政府，1991），頁105。

56　不著撰人，〈節令〉，《安平縣雜記》，頁7。

圖 155、圖 156：冬至菜包（天心軒素食喜餅提供）。

三、化作虔誠的心意

米糧與日常生活相伴，也展現在宗教祭祀的行為上。臺灣為移墾社會，來臺初期社會秩序動盪、醫療亦不發達，需要向神祇尋求庇護，以獲得安全感，另一方面移民因追求經濟利益而來臺，準備豐沛的祭祀品以向鬼神祈求財富的動機也就更強烈。由於臺灣一般的習慣，供品在祭拜完後，並不留在寺廟，而是拿回自宅，因此臺語裡有一句話叫「憑神作福」，指的是藉由祭祀行為，準備豐盛的菜餚，以及平時較少出現在餐桌的山珍海味，如：三牲的雞、豬、魚。這些菜餚在禮敬神明後，就攜回自家滿足口腹，藉此可補充平時較少攝取的蛋白質等營養。另有一句話「神得金，人得飲」，金即金紙，也是類似的比喻。在這些豐沛的供品中，不少是以米為原料、出現在各種祭祀場合的供品，如：紅龜粿、紅圓、鳳片豬羊……，也發展出了特殊宗教節慶才有的祭祀品，如：米糕栫、九豬十六羊、三色粿等。

在移墾社會中，米不僅是臺灣本產、相對容易取得的原料，由於米糧容易受氣候影響生產，且又是重要的輸出商品，因此米食節約的觀念根深蒂固，俗諺「粒粒皆辛苦」就顯示了對於米的尊重，將此具有珍貴意涵的米，經過加工，作為祭祀品，則更顯示了禮敬神明的虔誠心意。

○ 常見的米食祭祀用品

在一年十二個月之中，幾乎每個月都有神明誕辰，因應著各神明的位階、特性，需準備不同象徵意涵的祭祀用品，大致可分為粿類、米食、甜品、鳳片四種。

究其原料，又以糯米（長糯米、圓糯米）幾乎包辦了所有米食祭祀品。圓糯米因米心較軟、口感較黏、可塑性高，因此適合磨成漿製粿；長糯米因米心較硬、口感粒粒分明，適合做粽子、油飯。另一常使用的米種為在來米，因口感鬆軟、不黏，則多作為鹹粿、發粿。

（一）粿類

常見的粿類祭祀品包含了紅龜粿、紅圓、紅牽（牽仔粿）、甜粿、鹹粿、發粿等。

在這些製品中，紅龜粿、紅圓皆是用圓糯米為原料的粿粞（kué-tshè）製作外皮，再包入紅豆、綠豆、芝麻、花生等餡料。粿粞的製作方法，是先將圓糯米浸泡一夜，再加入少量的水以石磨研磨成漿，接著將米漿倒入厚棉袋中，袋口綁緊，以石頭壓在袋上將水分壓出，此固體狀的米漿即為粿粞。將粿粞先蒸熟一小部分並取出，再慢慢揉入其餘的生粿粞，接著食用色素染色、包入餡料，最後以不同的餅模壓上圖紋後蒸熟即成。若壓上象徵長壽的龜紋，即紅龜粿；若壓上古錢連貫的錢紋，則

圖 157：紅龜粿（金加紅龜店製）。

圖 158：紅圓（天心軒素食喜餅製）。

為紅牽。紅圓則取其象徵圓滿的圓形，因此不另壓圖紋。紅龜粿、紅圓可說是大小神明誕辰都可見到的常見用品，許多傳統糕餅鋪一年四季都有售，如：永合香餅舖、天心軒素食喜餅、寶來香餅舖、金加紅龜店等。而紅牽則主要用於天公、三官大帝等位階較高的神祇，因此多見於初九天公生、做十六歲拜天公、結婚拜天公、三官大帝誕辰等場合。[57]

　　甜粿、鹹粿、發粿，除了在春節時會大量炊蒸外，也常見於各式神明誕辰。甜粿的做法是將前述之粿秖磨碎後，加入糖攪拌後蒸熟；鹹粿的做法雷同，只不過改為使用在來米，並加入拌炒後的鹹料，也有加入蘿蔔籤的「菜頭粿」、加入芋頭的

57　李秀娥，《圖解臺灣民俗節慶》（臺北：晨星出版，2015），頁 48。

圖 159：發粿（萬香餅舖製）。

圖 160：菜頭粿（美鳳油飯製）。

「芋粿」。而發粿則是以在來米磨成的米漿製成粿粞，並加入麵粉、糖、酵母，經發酵後蒸熟。此三種常見的粿類，各有其吉祥的象徵意涵：甜粿有「甜蜜幸福，神明吃嘴甜（幫忙說好話）」，發粿則是「一路發財」，菜頭粿有「財富、好彩頭」，芋頭粿有「好頭路」（芋頭臺語音近「好頭」），也因此被廣泛運用於神明祭祀。

（二）米食

此處所指的米食，指的是形態仍保留米粒形狀的祭祀品。一為粽子，二為米糕龜。現代人對於粽子的印象往往會連結到端午，但早期在清明節、普度，粽子也常被作為無主鬼魂的祭祀品。《安平縣雜記》即記載：「清明日請城隍神到厲壇祭無

主鬼魂。牲牢席品粿粽，由義塚董事辦理。……各寺廟將作普度，……。陳設牲牢、葷素食品、粿粽、糕餅、蕉蔗、鳳梨、龍眼、楊桃等物，至少亦數十盒，盤插少紙旛及小旛幢於其上，書『普度值福』等字。燈牌額曰『慶讚中元』。」[58] 除此之外，七月初七以粽子祭拜七娘媽、端午節當日過五十歲壽誕者，亦會準備粽子祭拜玉皇大帝。根據日本民俗學者池田敏雄的推測，小孩滿十六歲時做粽子與人滿五十歲做粽子的意義相同，兩者皆代表人生進入另一個階段的歷程，粽子的角有驅邪作用，所以要在這個時候包粽子來吃。[59]

第二為米糕龜，米糕龜是以長糯米製成，首先將長糯米浸泡一夜，接著放入容器炊蒸，蒸熟後再加入煮好的糖漿，並與長糯米來回攪拌，使得每一粒長糯米都均勻沾附糖漿，最後以手工捏製成烏龜的形狀。米糕龜的大小依照訂製方的需求打造，重量從五斤到上百斤不等。米糕龜常被作為廟宇的「乞龜」活動用，所謂乞龜，意味著向神明乞討祥龜，通常在元宵節[60]或是神誕日舉辦，若心中有祈願，或是想轉運的人，都可向神

58　不著撰人，〈節令〉，《安平縣雜記》，頁 3、6。

59　池田敏雄，《臺灣の家庭生活》（臺北：東都書籍會社臺北支店，1944），頁 74-75。

60　元宵節當日亦為臨水夫人誕辰，臨水夫人為專司護產的女神，於神誕日供奉其為主神的廟宇，也會舉辦乞龜活動，讓信徒乞丁龜（求生男嗣）、喜龜（求有身孕）回家。

圖 161：廟會供桌的粽子。

圖 162：亦有以飯桶盛裝米飯直接祭祀。

明乞龜，取得神明同意後，可將供龜帶回家食用或供奉，來年再準備更大的龜奉還神明。連橫在《雅堂文集》即提到：「坊里廟會，陳龜數十，或重至十餘斤。人向神前乞之，謂可介福。明年此日，乃倍償焉。」[61] 米糕龜作為信徒虔誠心意的展現，常常一做就是好幾百斤。

圖 163：米糕龜常作為祭祀品（黃家米糕粿製）。

圖 164：米糕龜大小從一斤到百斤都有（黃家米糕粿製）。

---

61 連橫，〈筆記 / 臺灣漫錄 / 乞龜〉，《雅堂文集》（臺北：臺灣銀行經濟研究室，1964），頁 183。

（三）甜品

作為神明祭祀用的甜品，以湯圓、麻糬、麻粩、米粩為最常見的代表。湯圓、麻糬的原料為圓糯米製作的粿粞，再包入甜料，前者下水煮熟，後者以蒸籠蒸熟。麻粩、米粩則是以芋頭粉加上糯米粉搓揉成團，乾燥後再油炸，製成「粿仔乾」，並裹上麥芽糖，並沾各種配料，若沾芝麻則稱麻粩，沾米香則稱米粩。

民間傳說土地公喜愛甜食，因此在土地公誕辰（農曆二月二日）與得道日（農曆八月十五日）會準備麻糬、麻粩、米粩，希望土地公能保佑闔家平安、土地豐收。另外民間信仰相信灶神在一年之末會離開人間，向玉皇大帝稟報功過，因此在農曆十二月二十四送神日這天，則會準備湯圓祭祀灶神，希望灶神「呷甜甜，說好話」，為家裡美言幾句。這些祭祀用的甜品，

圖 165：麻粩、米粩。

圖 166：麻糬。

多半來自民間對於神靈形象的想像，由於土地公與灶神皆是與人民生活十分親近的神祇，也因此有了這些人性化的祭祀品。

（四）鳳片

鳳片糕又稱雲片糕、紅片糕、云片糕、仿片糕、肪片糕，都取自類似的諧音。所謂的鳳片糕，是以熟糯米為原料，作法是將糯米炒熟後磨成粉，接著準備一碗糖水，慢慢將熟糯米粉加入，邊加粉邊攪拌，直到粉與糖水呈黏稠狀。接著加粉並反覆揉壓粉團，直到粉團的表面光華密實，最後揉捏成想要的形狀、上色即完成。

鳳片糕常被捏製成豬、羊形狀，稱鳳片豬羊。這種以糕餅做成豬、牛、羊來取代牲禮的方式，稱作「看牲」。這是由於以前的社會型態，並不是每一戶人家在酬神時都會殺豬宰羊，因此，就用較易取得的糖、糯米等，經過手工壓揉的程序，製成類似的牲禮形狀來酬神。[62]

以鳳片糕製做的點心，還有樹榴包與牽圓。樹榴即石榴，將鳳片糕揉製成樹榴狀，由於樹榴花色鮮豔，被視為吉祥之花，因此在初九天公生時拿來祭拜上天，可表達無限的崇敬；鳳片牽圓則是將鳳片糕以牽圓的餅模壓製成型，拿來拜天公、

62　參考自舊來發餅舖：https://www.facebook.com/twglf/photos/a.494460593958067/825262344211222/?type=1&theater。

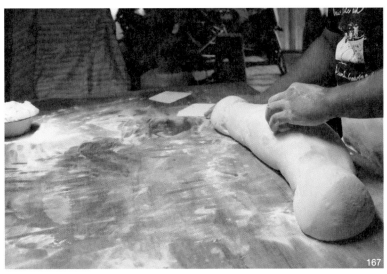

圖 167：鳳片糕製作。

圖 168：以糯米製成的鳳片糕（天心軒素食喜餅製）。

三官大帝等神祇。以糯米和糖為主原料，吃起來甜甜的且帶有些許彈性，是許多老人家記憶中懷念的點心。

○特殊節日用的米食祭祀用品

（一）太陽公生：「九豬十六羊」

農曆三月十九日是太陽公（太陽星君）生，民俗學者朱鋒記錄這一日的行事如下：

> 早上八、九點左右，正常太陽升起約 25 度時，必須在庭前向東擺設小型供桌，覆以桌布，上面擺著一對燭臺，中間放置一個燃著淨香的宣爐，前方擺著糕米做的豬九隻、羊十六隻，婦女早上必須沐浴淨身，心存虔敬，雙手合十頂禮膜拜。[63]

據連橫在《雅言》所言，三月十九日相傳為太陽誕辰，也是明思宗殉國之日，在臺的遺民感念明朝，又擔心清朝政府猜忌，因此以太陽公的名義祭祀。因此在上述所提之行事，其實處處藏了隱喻——於戶外舉行祭典，是因為室外光亮，取意「明」；燭臺意味「大明」；豬九隻、羊十六隻，取諧音「九

63　朱鋒，〈三日節和太陽公生〉，《民俗臺灣》第五輯（臺北：武陵出版，1991（昭和 20 年）），頁 234。

圖 169：九豬十六羊祭祀香案（圖為臺南市文化資產保護協會舉行之太陽公生祭祀）。

圖 170：手掌大小的鳳片豬。

圖 171、圖 172 鳳片九豬十六羊，紅色為豬，白色為羊（松香餅舖製）。

（久）豬（朱）十六羊（陽）」，九暗喻長長久久，朱為明朝國姓，十六是指明朝的十六世皇帝，陽則暗指「明」。

　　九豬十六羊通常以熟糯米粉（鳳片粉）或麵粉製作，並不使用真正的豬與羊，推測一來是所費不貲，二來是暗中祭祀前朝，不得太過鋪張。以熟糯米粉為原料的九豬十六羊，作法同前述之鳳片糕，只是使用特殊尺寸之餅模壓製而成，每一隻尺寸迷你，僅手掌心大小。目前水仙宮市場的寶來香餅舖、天心軒素食喜餅、新永珍餅舖，以及東菜市場萬香餅舖、鴨母寮市場松香餅舖、民族路三段振來發餅舖，仍有製作。[64]

（二）普度：米糕栟、佛手、佛包、三色粿

　　農曆七月十五日為三官大帝之一的地官大帝（全名：中元二品七氣赦罪地官洞靈元虛大帝）誕辰，道教的《修行記》記載：「七月中元日，地官下降，定人間善惡，道士於是日誦經，餓鬼囚徒亦得解脫。」，這日同時也是佛教的「盂蘭會」，《月令廣義》寫道：「佛經：目蓮以母坐餓鬼中不得食，令作盂蘭盆，至七月十五日，具百味五果著盆中，供養十方佛，而後母得食。」或許道、佛教的故事皆與餓鬼有關，因此民間遂以農曆七月為「鬼節」。[65] 臺灣在中元節這天祭祀祖先，並延僧做

64　此為 2019 年之販售狀況，實際販售狀況請以店家為準。
65　范勝雄，《府城的節令民俗》，頁 88。

道場,陳設飯食、牲體、蕉果、糕餅等盤,堆高至七、八尺或丈餘;黃昏後,由僧人登壇說法,撒物食羹飯;以一粒飯可化作百千粒飯,供祀無祀之鬼,謂之「普度」。[66] 普度又依場域分為家普、公普(以廟宇為主體)、私普(包含市仔普、子弟普),但本質皆是祭祀孤魂,因此準備的供品也與之相關。

在府城地區,令人津津樂道的供品便是「米糕栫」,是府城獨特的普度祭品,現在僅普濟殿前黃家、安南區黃家有在製作。米糕栫是以糯米炊蒸、加入糖漿拌勻,再放入木板栫桶壓製一夜而成,以此方法製作的米糕栫吃起來緊實 Q 彈,常被作為普度、建醮時的供品,重量從二十斤到上百斤都有,成排的米糕栫擺起相當壯觀,在拜拜結束後,則會就地「開栫」切塊,讓信眾帶回家。

另外在普度才有祭祀品,則是出自佛教經典的佛手、佛包、三色粿。佛手與佛包一般是以鳳片粉(熟糯米粉)或麵粉製作,佛手的造型為一隻手,象徵地藏王菩薩(另有說法為觀音)的手印接引孤魂野鬼往西方;佛包則做圓形,上有一紅點,或印上「佛」字,吃了可以保平安。三色粿則包含毛荷、妝桃、紅圓三項,根據天心軒素食喜餅的介紹,「毛荷」(音譯)象徵蓮花,餓鬼在食用蓮花之後方能吞嚥,有著度化眾生之意;

66　劉良璧,〈卷六　風俗〉,《重修福建臺灣府志》(臺北:臺灣銀行經濟研究室,1961),頁 97

圖 173：米糕栳桶。

圖 174：開栳後為長條柱狀，再切成小塊。

圖 175：貼上「蘭盆勝會」的小型米糕栳。

「敁桃」（ㄅㄧㄝˋ，意同臺語「裂」），象徵著脫離地獄之門；「紅圓」則象徵團圓。食用依序是「毛荷—敁桃—紅圓」，希望鬼魂能夠享用宴席、超脫苦難、與親人團圓。毛荷、敁桃通

圖176：以鳳片粉捏製的佛手、佛包。

圖177：佛手（左）、佛包（右）（天心軒素食喜餅製）。

圖178：三色粿，左起為毛荷、敁桃、紅圓（此為麵粉製，亦有以糯米製者）（新永珍餅舖製）。

常以麵粉製作，紅圓則有麵粉製或糯米製。

表 12：各宗教節慶與相應的米製祭祀品

月份	日期	宗教節慶	米製祭祀品
正月	初九	天公生	甜粿、發粿、紅龜粿、樹榴包、紅圓、鳳片豬羊、紅牽、麻糍、米糕、鹹粿
	十五	天官誕辰 臨水夫人誕辰	紅牽、紅圓、紅龜粿、米糕龜
二月	初二	土地公生	麻糬、麻糍、米糕
三月	十九	太陽公生	九豬十六羊（鳳片）
七月	初七	七娘媽生	紅龜粿、白糖粿、湯圓、粽子
	十五	地官誕辰	紅牽、紅圓、紅龜粿
八月	十五	普度	三色粿、佛手、佛包、米糕栫、粽子
十月	十五	水官誕辰	紅牽、紅圓、紅龜粿
十二月	二十四	送神	湯圓、甜粿

說明：以上日期皆為農曆。
資料來源：整理自張耘書《臺南府城餅舖誌》、李秀娥《圖解臺灣民俗節慶》。

四、從搖籃到墳墓

「在那個時代，糕餅是只有家中比較富有的人才吃得起。因此普遍都覺得開餅舖似乎是很『高尚』的工作，所以郭阿公才做起餅舖的生意。」[67]——〈福安坑上的紅龜粿——永合香餅舖〉

67　王浩一等，〈福安坑上的紅龜粿——永合香餅舖〉，《老城舊日子－臺南舊城裡的溪畔記憶》（臺南：臺南市政府文化局文創科，2014），頁 194。

現在大街小巷隨處可見糕餅店，西式的、傳統漢式的，甚至坊間的烘焙坊、甜點工作室都提供了婚禮、滿月、生日等不同生命大事時的糕餅。但把時空拉回七十年前，當時糕餅還未這麼普遍，在整體社會仍謀於基本的生活溫飽時，糕餅這種「非日常」的食物，甚至帶著貴重感。因為「非日常」，所以只有在人生重要的時刻才準備。利用身邊常見的原料──米，捏塑成形的糕餅，賦予其吉祥的意涵，領著人們走入人生的下個階段，從出生到墳墓，都有相伴的米食存在。

○ 初生嬰兒的四樣儀禮

臺灣民間信仰的生命祭儀，其繁雜和謹慎的程度與生命階段之安危有關，在危險的階段，如嬰兒剛出生，對外界較難適應，因此有較多的儀禮。[68] 以初生嬰兒來說，就有三朝之禮、滿月禮、做四月日、做度晬（tsò tōo-tsè）等四項儀禮。

所謂「三朝之禮」指的是出生滿三日，為嬰兒洗身換新衣，因為根據傳統習俗，剛出生的嬰兒並不用水洗澡，而是用麻油擦洗全身，並以父親的舊衣服包裹。當日由祖母或母親抱著嬰兒，準備油飯和雞酒等供品祭拜神明與祖先，這些雞酒油飯會拿來分送外家（產婦之娘家），稱作「報酒」，告知已有外孫。

68　阮昌銳，〈生命祭儀──出生、成年與喪葬〉，《民俗與民藝》（臺北：臺灣省立博物館，1984），頁 29。

期間若有親友送來禮品，也會以油飯作為回禮。親友若收到油飯，可將「油飯頭」（油飯上層部分）留下，取少許白米，覆蓋紅紙，紙上放油飯頭，以及小石頭或黑豆數粒，祝福嬰兒「頭殼堅」。[69]

出生滿一個月需祭拜祖先，這時外家會送十二項禮物，稱「送頭尾」，這十二樣禮主要是食物與嬰兒用品，依各家的習慣來送，但紅圓（俗稱「外媽圓」）與紅龜粿是常見的贈禮。生子之家，也會以油飯、米糕回禮。

出生滿四個月，稱「做四月日」，要用牲禮、桃形糕粿、紅龜、酥餅祭拜神明祖先。娘家也會送和「做滿月」相同的「頭尾」和紅桃來祝賀，至於一般親友若送來賀禮，就用紅桃來答謝。

當嬰兒平安來到周歲，也要用牲禮、紅龜粿祭拜神明祖先，這時娘家會再送一次「頭尾」來祝賀。滿周歲的這天，通常也會舉行「抓周」，預測嬰兒未來的職業或愛好，抓周時要給嬰兒吃「米香糖」（爆米花糖），希望將來能成為一個很「吃香」的人。[70] 有些人家甚至會讓嬰兒腳踏紅龜粿，取意長壽。嬰兒足歲前的禮儀繁瑣，但大抵是「滿月圓、四月桃、度晬龜」，皆是以糯米為原料，加入紅色色素做成外皮，內餡放入

69　吳瀛濤，〈生育〉，《臺灣民俗》，頁113。
70　鈴木清一郎（馮作民譯），《臺灣舊慣習俗信仰》，頁109。

甜豆沙，再壓入餅模塑成不同的形狀，便成了陪伴新生兒成長的吉祥點心。

○ 成年禮的米食

滿十六歲就算成年，在府城地區有「做十六歲」的傳統，象徵長大成人。民間習俗相信，七娘媽與床母是孩童的守護神，護佑孩童成長，而農曆七月七日為七娘媽與床母誕辰，因此會在這一天舉行儀式，感謝神明的照顧。準備的供品依各家經濟能力與喜好而有所不同，常見的米食祭祀品包含糕仔（象徵步步高升）、軟粿（湯圓的一種，內凹一洞，據傳是為了接住織女的眼淚）、粽子（在進入人生另一階段時提供驅邪作用[71]），當日外婆也會準備紅龜粿四處分送，振香居第三代陳女士說過，這些紅龜粿一定都要在中午前送完！此外，也會準備雞酒油飯供拜床母，並燒床母衣（四方形，似綢布料狀），感謝床母的照顧。

○ 婚姻儀禮中的米

臺灣民間婚俗繁複，包含了議婚、訂盟（送定）、完聘（納采）、請期（送日頭）、親迎等五個階段，在各個階段也不乏

71　池田敏雄，《臺灣の家庭生活》，頁 74-75。

米與米食的存在。

首先，一旦雙方決定結婚，則須請擇日師「看日」，看日的內容包含結婚日、完聘日、搭廠日、安床日、謝神日等，擇日師會將這些日期和犯沖人（年齡和儀式相沖的人）寫在紅紙上，稱之為「日」，如同工作計畫日程表。接著男方會將「日」和米一斗兩升（糯米一斗、飯米兩升）用紅色的紙包起來，再加上貳圓送到女方家裡，此稱為「扦日」。女方就用這些米和紅色的染料，做成紅色的甜米糕，在結婚當天拿來祭拜神佛祖先。[72]

在聘禮方面，需準備粔花（糖米花餅）、冰糖、冬瓜糖、桔餅、柿餅、麵線、龍眼乾等，粔花即「米芳餅」，祝福女方「食米芳，嫁好翁」。女方的嫁妝則要準備稻穀，因「穀」與「覆」的臺語音同，若嫁妝準備「稻穀」，就不怕日後懷孕時會「覆著」或「動著」。[73]

結婚之日當晚，新郎新娘會在洞房內「食圓仔」——先在各自的碗裡夾一顆吃，然後交換湯圓再吃一個，而且都是由「好命人」（福壽雙全的婦人）夾給新婚夫妻，象徵夫妻像湯

72　吳尊賢，〈臺灣婚俗考：在臺南北門地方〉，《民俗臺灣》第五輯（臺北：武陵出版，1991（昭和 20 年）），頁 100。

73　簡榮聰，〈臺灣傳統的生育民俗與文物〉，《臺灣文獻》第 42 卷第 2 期（南投：國史館臺灣文獻館，1991），頁 268。

圓那樣圓滿甜蜜。

　　婚後的第四、六、十或十二天，則稱「歸寧」，新婚夫妻要回女方娘家作客，新嫁娘會帶著「米糕豆」作為伴手禮（也有一說是娘家準備給女兒的答禮[74]），米糕豆以糯米和砂糖煮成，上面鋪豆子或花生，有甜甜蜜蜜之意，有著「呷米糕豆，呷尪老老老」的意涵。

　　新娘出嫁後的第一個夏天（農曆五月），新嫁娘可回娘家小住一段時間，俗稱「歇熱」（hioh-juảh），這是早年農業社

圖 179：米糕豆（普濟殿前黃家米糕栫 - 李青純提供）。

74　鈴木清一郎（馮作民譯），《臺灣舊慣習俗信仰》，頁 218。

會體諒女兒初嫁到夫家。這時要會帶「米香丸」當伴手禮，米香丸的形狀為圓形，帶著一大一小，或是大如皮球的米香丸，都是保守的社會時向父母暗示有喜的象徵。

○ 喪葬禮俗中的米食

在喪葬禮俗中常見的米食有：糕仔、白粿。在喪禮期間，許多親友會送來香燭、銀紙、花圈等，喪家會在做七（多半為做三七、五七、七七、百日、周年）時，以糕仔、白粿回贈親友所贈的喪葬用品，稱作「答紙」。因民間相信若喪家不答紙的話，往生者的靈魂就無法使用親友贈送的禮物。答紙的習俗則在日治時期逐漸改為回贈毛巾或香皂答謝。[75]

第三節　生活運用

米的運用之廣，不僅只作為米食。在精神性上，也常作為儀式用品，有著驅邪的作用：如臺南北門一帶流傳的收驚方法，收驚者先將受驚者的症狀稟告神明，接著把白米裝在茶杯或碗裡，並將受驚者衣服覆於米上。收驚儀式進行完畢後，將上衣取下，視米粒之起伏即可判別受驚者為何物所驚。最後，將米

75　鈴木清一郎（馮作民譯），《臺灣舊慣習俗信仰》，頁342。

圖 180：糯米砌城牆（蔡正俊提供）。

取下淘洗，並使受驚者喝下洗米水即可痊癒。[76] 也有作為象徵
之物，如「扞水米」儀式：當家裡有幼女的生辰八字與家人相
剋，或是「歹育飼」（不好養），則會將幼女給其他人家作養
女或童養媳，這時就要進行「扞水米」的儀式。請媒人找到合
適的人家後，媒人會請命相師看女方的生辰八字是否合適。如
果合適的話，就請媒人將米和水（約女方家裡一餐所需份量）、

76　吳尊賢，〈收驚、收土神之方法與咒文〉，《民俗臺灣》第七輯，頁
　　110。

一件要給女方穿的紅色衣服、偶數的銅錢幾十錢，用紅紙包起來帶到女方家裡去，接著媒人把女方帶到男方家吃早餐，把穿有紅線的銀貨（銀幣）別在女生的褲袋上，如此一來「扦水米」的儀式就算完成，等雙方成年後再舉行婚禮。[77]

在實用性上，利用米的特質，如糯米的黏著性，可作為古蹟修復的傳統建築材料，如磚牆的黏著，就是以糯米粉、黑糖、石灰混合作為接著劑，其堅固性可作城牆、橋梁；而蓬萊米粉黏度適中的特性，是許多裱裝業者的黏著材料。到了當代，仍有不少釣魚人士會到糕粉行買熟糯米粉，以此作為餌料的接著，可延遲入水後餌料四散的時間。

77　吳尊賢，〈臺灣婚俗考：在臺南北門地方〉，《民俗臺灣》第五輯，頁95。

結論

　　反而不是什麼失傳手藝或巷仔內的口味，米食這件事引領我們走進了居住在這座城市裡的人，我們的日常生活和生命。這件事其實和我們的初衷非常接近，當講到歷史的時候，我們想要將歷史與當下的生活相連結、將鉅觀的歷史與個人的傳記生命相連結；當談到空間時，這些空間應該是能夠親身踐足的，甚至就是日常裡一個不起眼的地方，但是透過歷史的了解，我們可以察覺這個空間中所積澱的時間。而這些歷史和空間，我們看見的是「社會經濟的維生面向」，在這個面向裡，我們看到了這些店家商號，看見它們的故事和所在，但其實同時，也是看見了我們自己。這本書的寫作、古都志工的參與、甚至是以上的閱讀，都讓我們把自己放進一段更長的時間、一個更大的都市中，看見自己並且理解我們臺南、臺灣社會。

　　我們或許比較多是以消費者的身分，處在米糧整個從土地到餐桌過程中的後段。不過在其他的經濟謀生活動裡，我們或許便成為前端的生產者、執業者、從業人員。這裡，謀生的本質是一樣的，正如第一章所提到的，我們或許在米食這件事裡只是一個消費者、一個志工、一個讀者，但是在我們自己的生活裡，我們也是日常百工中的一種。這種類似的「謀生」的生

命狀態,是透過米食而能讓我們重新看待自己的日常生活的方式。如果在米食裡我們讀到了一些過去不知道的豆知識或趣味,那麼可以想見,在我們自己的生計裡,必然也有值得他人知道的趣味和故是。這是一個透過閱讀了解一個不那麼熟悉的米食文化,再回過頭來照見自身生活中的神秘與趣味的往復過程。

除了日常生活,透過米食在更大的社會節慶、生命大事中的角色,我們也可以體會到另一種連結。我們都處在不同的年紀和生命階段,在臺南各地社區大學講到我們所採集的與米有關的生命大事角色時,必問的一題是「有沒有人知道『歇熱』是什麼?」不分年齡,大部分人的答案都是否定的,有些人會笑答就是學校放暑假了。但不管是有人答出來了也好,或是我公布了答案也好,可以感覺到在這種「咦原來還有這種習俗呀」的過程裡,社區大學裡異質性極高的「同學」們彼此的生命經驗有了一些小小的連結。你結婚的時候有沒有做大餅,有些婚後搬到臺南來的人也會分享其他地方的習俗。在異中求同、同中見異裡,似乎某個「臺南米食文化」的輪廓慢慢被描繪出來。

於是這些米行、糧行、粉行、小吃店、餅舖都有了大於一間店面的意義分量。在做調查的時候,總覺得「調查目標」好像突然跳出來了一樣。明明是天天經過的通勤路線,怎麼以前

都沒發現有這一間店存在，在日常裡不斷地路過她。府城的巷弄非常迷人，街廓極深，且充滿各種趣味。而今，透過這些歷史和故事的採集，走進一家店或一條巷弄，其實是走進一整個流程、一整個網絡、一段歷史、一群人。吃一碗點心，竟也不只是飲食而已，可以想像一直以來，吃點心者大概都是人同此心、心同此理吧，對於口腹的那份滿足。

　　也許到這裡也就夠了，我們尚不能宣稱已經完完整整地呈現了米糧、米行、米食的文化。就像調查時，與大家「三餐老是在外」、午晚餐時間總是大排長龍的自助餐店，又或是自成一種類別的丼飯、壽司店、海苔捲等等都沒能調查訪問。我們只能透過愈來愈多的面向來疊合出臺南米糧文化的樣貌，而這個樣貌會持續變化，就像老闆們推陳出新的改變一樣。同時她的樣貌也會隨著我們自己的經驗而變化，閱讀與自己經驗之間的相互發現，又或是真的走到了某條街上，吃了一份以往沒吃過的點心。每個人都可以有自己的米糧文化樣貌，於是又能在某些時刻呈現出一個總的事體來。米食貫串了個人的日常生活與生命，社會的節慶與儀俗，讓我們再一次看見自己與比自己更大一點的歷史、空間、社會的連結，或許可以說是臺南米食、米糧文化的一份重要內涵。

謝誌

本書與另一書《流轉的街道：府城米糧研究》得以付梓，首先要感謝各受訪米行、碾米廠、米食小吃店家：三順行、泉記米行、成記米行、正豐碾米所、大明碾米所、永正誠米鋪、長樂米行、忠益米廠、瑞元米行、三新碾米所、新瑞隆糧行、新德成糧行、榮記糕粉廠、永吉米行、全發米行、德成糧行／富穀樂糧行、德盛米行、協豐米行、新泰行、水木碾米廠、正合米行、郭家粽、禧樂米糕、普濟殿前黃家米糕栫、振香居餅舖。（以上依《流轉的街道：府城米糧研究》介紹順序排列）

謝謝您們的無私分享，才能讓米糧的歷史面貌完整，並且流傳給下一代人。感謝黃文博主編的邀請，使得米糧文化得以納入「臺南學」研究的一環，能有機會以書面形式留下紀錄，也謝謝編輯許琴梅小姐協助調閱圖資的辛勞。

本書的部分內容源自於財團法人古都保存再生文教基金會之「臺南市舊城區常民生活米糧相關文化資產調查計畫」，感謝張玉璜董事長、顏世樺執行長及董事會的支持，讓調查成果得以延續到本書，亦感謝當時曾挹注此計畫的國家文化藝術基

金會[1]，以及當時協力調查的志工夥伴：王思皓、王文美、王聖凱、吳書珺、吳馥均、李幸育、李佩玟、林沛佳、林延隆、施利潔、許庭瑋、袁培倫、陳立恆、張芷寧、張育甄、陳秋如、陳俊銘、楊雅馨、萬育莘、蘇苡柔、楊昀珊、翁江衛。

　　亦致上感謝予本書寫作過程中提供建議、資料、引介相關人士的：長興里李茂德里長、臺南市米穀商業同業公會杜宜展理事長／張中慧總幹事、臺南市商業會、天心軒素食喜餅、廖泫銘、李青純。感謝來自各方的協力，本書才得以完成。

1　感謝國家文化藝術基金會挹注 2015-1 期、2016-1 期調查研究、2018-1 出版的補助。

附錄

一、每人每年純糧食供給量

年份	米的消費量（公斤）	年份	米的消費量（公斤）
41 年	126.0600	62 年	129.8400
42 年	141.1900	63 年	134.1500
43 年	124.8500	64 年	130.3900
44 年	134.1800	65 年	128.1200
45 年	132.5900	66 年	125.0600
46 年	133.9100	67 年	113.9900
47 年	131.7400	68 年	105.2700
48 年	135.3100	69 年	100.8200
49 年	137.7400	70 年	96.5400
50 年	136.7800	71 年	93.0700
51 年	132.1000	72 年	89.3300
52 年	134.3600	73 年	84.3951
53 年	129.8700	74 年	80.1836
54 年	132.8500	75 年	76.4626
55 年	137.4200	76 年	73.3310
56 年	141.4700	77 年	70.1397
57 年	139.9300	78 年	68.2638
58 年	138.7400	79 年	65.9408
59 年	134.4500	80 年	62.4958
60 年	134.2800	81 年	62.2294
61 年	133.5200	82 年	60.6947

年份	米的消費量（公斤）	年份	米的消費量（公斤）
83 年	59.8917	96 年	47.4750
84 年	59.1032	97 年	48.0350
85 年	58.8355	98 年	47.0480
86 年	58.4015	99 年	46.1831
87 年	56.7449	100 年	44.9619
88 年	54.9003	101 年	45.6383
89 年	52.6923	102 年	44.9575
90 年	50.0959	103 年	45.6976
91 年	49.9627	104 年	45.6746
92 年	49.0526	105 年	44.4766
93 年	48.5627	106 年	45.4275
94 年	48.6041		
95 年	48.0394		

資料來源：行政院農業委員會 農業統計資料查詢
（https://agrstat.coa.gov.tw/sdweb/public/inquiry/InquireAdvance.aspx）

二、歷年來臺灣稻米產量

年份	稻米產量（公斤）	年份	稻米產量（公斤）
50 年	2,547,705,000	57 年	3,169,063,000
51 年	2,670,860,000	58 年	2,914,411,000
52 年	2,659,779,000	59 年	3,095,633,000
53 年	2,841,715,000	60 年	2,913,559,000
54 年	2,964,828,000	61 年	3,065,738,000
55 年	2,997,358,000	62 年	2,842,094,000
56 年	3,037,617,000	63 年	3,102,658,000

年份	稻米產量（公斤）	年份	稻米產量（公斤）
64 年	3,162,728,000	87 年	1,859,157,000
65 年	3,423,450,000	88 年	1,916,305,000
66 年	3,351,135,000	89 年	1,906,057,000
67 年	3,093,497,000	90 年	1,723,895,000
68 年	3,096,041,000	91 年	1,803,187,000
69 年	2,966,452,000	92 年	1,648,275,000
70 年	3,004,808,000	93 年	1,433,611,000
71 年	3,141,363,000	94 年	1,467,138,000
72 年	3,143,850,000	95 年	1,558,047,975
73 年	2,840,720,000	96 年	1,363,457,652
74 年	2,749,848,000	97 年	1,457,175,031
75 年	2,496,510,000	98 年	1,578,169,132
76 年	2,402,477,000	99 年	1,451,011,257
77 年	2,331,916,000	100 年	1,666,273,471
78 年	2,355,243,000	101 年	1,700,228,683
79 年	2,283,670,000	102 年	1,589,564,227
80 年	2,311,638,000	103 年	1,732,209,686
81 年	2,069,880,000	104 年	1,581,731,749
82 年	2,232,933,000	105 年	1,587,776,407
83 年	2,061,403,000	106 年	1,754,049,019
84 年	2,071,968,000		
85 年	1,930,897,000		
86 年	2,041,843,000		

資料來源：行政院農業委員會 農業統計資料查詢
（https://agrstat.coa.gov.tw/sdweb/public/inquiry/InquireAdvance.aspx）

參考書目

▌ 方志、叢刊

1. 屠繼善，《恆春縣志》，臺北：臺灣銀行經濟研究室，1960。

2. 高拱乾，《臺灣府志》，臺北：臺灣銀行經濟研究室，1960。

3. 黃宗羲，《賜姓始末》，臺北：臺灣銀行經濟研究室，1958。

4. 林百川、林學源，《樹杞林志》，臺北：臺灣銀行經濟研究室，1898（1960）。

5. 不著撰人，《安平縣雜記》，臺北：臺灣銀行經濟研究室，1959。

6. 連橫，《雅堂文集》，臺北：臺灣銀行經濟研究室，1964。

7. 連橫，《臺灣通史》，臺北：臺灣銀行經濟研究室，1962。

8. 謝國興等，《續修臺南市志，卷四經濟志，農林水利篇》，臺南：臺南市政府，1996。

█ 期刊、單篇論文

1. 蘇瑤崇，〈戰後臺灣米荒問題新探（1945-1946）〉，《中央研究院近代史研究所集刊》86，臺北：中央研究院，2014。

2. 簡榮聰，〈臺灣傳統的生育民俗與文物〉，《臺灣文獻》第 42 卷第 2 期，南投：國史館臺灣文獻館，1991。

3. 廖士毅，〈臺灣地區家庭主要糧食消費研究〉，《臺灣銀行季刊》24：4，臺北：臺灣銀行經濟研究室，1973。

4. 石萬壽，〈臺南府城的行郊特產點心─私修臺南市志稿經濟篇〉，《臺灣文獻》31：4，南投：國史館臺灣文獻館，1980。

5. 周婉窈，〈陳第〈東番記〉─十七世紀初臺灣西南平原的實地調查報告〉，《海洋與殖民地臺灣論集》，聯經，2012。

6. Chao-Ching Fu, Taiwaneseness in Japanese Period Architecture in Taiwan, *Refracted Modernity- Visual Culture and Identity in Colonial Taiwan*, University of Hawaii Press, 2007.

7. 鄭安佑、吳秉聲、徐明福，〈現代化過程中「社會經濟─都市空間」的謀生景緻─以 1934 年臺南市末廣町路、本町路與米街為例〉，《建築學報》（105）：93-118，臺灣建

築學會，2018。

8. 鄭安佑、徐明福、吳秉聲，〈日治時期臺南市（1920-1941）「都市空間—社會經濟」變遷—指向經濟的都市現代化過程〉，《建築學報》（建築歷史與保存專刊）（85）：23-41，臺灣建築學會，2013。

9. 施添福，〈臺灣聚落研究及其史料分類〉。載於張炎憲、陳美容主編，臺灣史與臺灣史料（pp. 131-184）。臺北市：自立晚報文化出版部，1993。

10. 許雪姬，〈臺灣史研究三部曲：由鮮學經顯學到險學〉，《思想》（16）：71-100。

11. 陳正祥，〈三百年來臺灣地理之變遷－為紀念鄭成功復臺三百周年而作〉，《臺灣文獻》第 12 卷第 1 期，南投：國史館臺灣文獻館，1961。

12. 奧田彧、陳茂詩、三浦敦史，〈荷領時代之臺灣農業〉，《臺灣經濟史初集》。臺北：臺灣銀行經濟研究室，1952。

13. 曹永和，〈鄭氏時代之臺灣墾殖〉，《臺灣經濟史初集》。臺北：臺灣銀行經濟研究室，1952。

14. 周省人，〈清代臺灣米價誌，《臺灣經濟史十集》。臺北：臺灣銀行經濟研究室，1952。

15. 吳秉聲（2013）。〈清領時期臺南城市空間結構復原之研究（1875-1895）－以數位化之 1920 年代〈臺南市地籍圖〉

為建構基礎〉。《建築學報（建築歷史與保存專刊）》，（85），1-15。

16. 謝美娥（2016），〈清代開港前安平的經濟發展〉，《承先啟後——王業鍵院士紀念論文集》，臺灣：萬卷樓。

17. 鄭安佑、吳秉聲、徐明福，〈稻穀・白米—多聚落架構下臺南市的社會經濟活動與都市空間之關係（1920-1941）〉，2014臺灣建築史論壇，臺北，2019。

▋ 學位論文

1. 曾品滄，〈從田畦到餐桌——清代臺灣漢人的農業生產與食物消費〉，臺北：國立臺灣大學歷史學研究所博士論文，2006。

2. 陳瑋全，〈戰後臺灣推廣麵食之研究〉，嘉義：國立中正大學歷史學系，2009。

3. 蔡承豪，〈天工開物 - 臺灣稻作技術變遷之研究〉，臺北：國立臺灣師範大學歷史研究所博士論文，2009。

4. 鄭安佑，《都市空間變遷的經濟面向—以臺南市（1920年至1941年）為例》，臺南：國立成功大學建築學系，2008。

▌ 調查報告書

1. 財團法人古都保存再生文教基金會，《臺南市舊城區常民生活米糧相關文化資產調查計劃》，臺南：財團法人古都保存再生文教基金會，2017。

2. 內容力有限公司，《日治至戰後水利與糧政影響下的臺南市米糧文化歷史調查》，臺南：臺南市政府，2018。

▌ 專書

1. 鈴木清一郎（馮作民譯），《臺灣舊慣習俗信仰》，臺北：眾文圖書，1989。

2. 片岡巖（陳金田譯），《臺灣風俗誌》，臺北：眾文圖書，1993。

3. 華松年，《臺灣糧政史》（上）（下）。臺北：臺灣商務印書館發行，1984。

4. 阮昌銳，《民俗與民藝》，臺北：臺灣省立博物館，1984。

5. 詹宏志，《城市人》。臺北：臉譜出版，1996。

6. 蔡承豪、楊韻平，《臺灣番薯文化誌》。臺北：果實出版，2004。

7. 柯志明，《米糖相剋》，臺北：群學出版，2006。

8. 范勝雄，《府城的節令民俗》，臺南：臺南市政府，1991。

9. 川野重任著、林英彥譯，《日據時代臺灣米穀經濟論》，臺北：臺灣銀行，1969。

10. 臺南市商業會慶祝成立四十五周年紀念特刊編輯委員會，《臺南市商業會落成 45 周年紀念專輯》。臺南：臺南市商業會，1991。

11. 梶原通好、李文祺譯，《臺灣農民的生活節俗》，臺北：臺原出版，1994。

12. 廖漢臣，《臺灣的年節》，臺中：臺灣省文獻委員會，1973。

13. 吳瀛濤，《臺灣民俗》，臺北：眾文圖書，1998。

14. 翁佳音、鄭振滿、吳密察、黃清琦、謝仕淵、簡明捷、石文誠、陳怡宏、劉維瑛，《古城・新都・神仙府：臺南府城歷史特展》，臺南：國立臺灣歷史博物館，2011。

15. 葉石濤，《紅鞋子》，高雄：春暉出版社，2000。

16. 黃婉玲，《阿嬤的廚房：尋找臺灣道地古早味，讓人難忘的 36 種懷念好滋味》，臺北：樂果文化，2012。

17. 黃婉玲，《百年臺灣古早味：尋訪真實老味道》，臺北：健行文化，2011。

18. 李秀娥，《圖解臺灣民俗節慶》，臺中：晨星出版，2015。

19. 李秀娥，《圖解臺灣傳統生命禮儀》，臺中：晨星出版，2015。

20. 王浩一等，《老城舊日子-臺南舊城裡的溪畔記憶》，臺南：臺南市政府文化局文創科，2014。

21. 張耘書，《臺南府城餅舖誌》，臺南：臺南市政府，2018。

22. 林川夫主編，《民俗臺灣》，臺北：武陵出版，1991。

23. 伊能嘉矩，《臺灣文化誌》，臺北：大家出版，2017。

24. 傅朝卿，《圖說臺灣建築文化史》，臺南：臺灣建築史學會，2019。

25. Chao-Ching Fu, A History of Modern Architecture in Taiwan, Tainan: Architectural Institute of Taiwan, NCKU, 2013.

26. 吳叡人，《受困的思想 臺灣重返世界》，新北市：衛城出版，2016。

27. 白萩，《香頌》，臺北：笠詩刊社，1972。

28. 漢聲文化，《漢聲記憶叢書 中國米食》，臺北：漢聲雜誌社，1982。

29. 斯瑞歐文，王莉莉譯，《稻米全書》，臺北：遠足文化，2011。

30. 金雲銘，《陳第年譜》，中國，福建協和大學中國文化研究會，1946。

31. 楊牧，《奇萊前書》，臺北：洪範，2003。

32. 東年，《再會福爾摩沙》，臺北：聯合文學，1998。

33. 黃樹仁，《挑釁的提問》，臺北：巨流，2018。

34. 中村孝志，吳密察、翁佳音、許賢瑤編，《荷蘭時代臺灣史研究》，臺北：稻鄉出版社，2002。

35. 周憲文，《清代臺灣經濟史》，臺北：臺灣銀行經濟研究室，1957。

36. 謝美娥，《清代臺灣米價研究》，臺北：稻鄉出版社，2008。

37. Barclay, G. W.（1954/1972）. Colonial Development and Population in Taiwan. Washington, USA; London, UK: Kennikat Press.

38. 陳紹馨，《臺灣的人口變遷與社會變遷》，臺北：聯經，1979。

39. 吳聰敏、葉淑貞、古慧雯《日治時代臺灣經濟統計文獻目錄》。臺北：吳聰敏、葉淑貞、古慧雯，2004。

40. 臺灣省行政長官公署統計室，《臺灣省五十一年來統計提要》，臺北：臺灣省行政長官公署統計室，1946。

41. 周憲文，《日據時代臺灣經濟史》，臺北：臺灣銀行經濟

研究室，1958。

42. 李力庸，《米穀流通與臺灣社會（1895-1945）》，臺北：稻鄉出版社，2009。

▌日文史料

1. 池田敏雄，《臺灣の家庭生活》，臺北：東都書籍會社臺北支店，1944。

2. 臺南市役所，《臺南市ノ工業》臺南：臺南市役所，1926。

3. 臺南州役所，《臺南州第二統計書》－（1941）《臺灣州第二十三統計書》，臺南：臺南州役所（1920-1941）。

4. 臺南市役所，《臺南市統計書第一回》－《臺南市統計書第八回》臺南：臺南市役所，1921-1928。

▌雜誌

1. 《聯合文學雜誌》第393期，新北：聯經出版，2017。

▌網路資源

1. 馮丁樹，《臺灣農業機械概論》，網址：http://taiwan-agbook.blogspot.com/2011/04/blog-post.html。

2. 〈農業100年精華－臺灣農業科技政策百年發展重點及成

果〉，https://www.coa.gov.tw/ws.php?id=2445339&RWD_mode=N。

3. 李匡悌，〈南科考古新發現 ‧ 臺灣史前文化新視野〉，2018。https://www.most.gov.tw/most/attachments/fb48fd62-2a0e-4bb4-bcd7-783ff99b6bc7

▌ 資料庫

1. 中央研究院地圖數位典藏整合查詢系統。
2. 國立臺灣歷史博物館典藏網。
3. 中央研究院臺灣文獻叢刊資料庫。
4. 國立臺灣圖書館日治時期圖書全文影像系統。
5. 國史館臺灣文獻館館藏史料查詢系統。
6. 行政院農業委員會農業資料統計查詢。
7. 中央研究院語言學研究所「閩客語典藏」。

▌ 檔案

1. 「劃定糧區管理糧運案」（1946-07-00），〈省參議會會議〉，《臺灣省行政長官公署檔案》，國史館臺灣文獻館，典藏號 00301910005013。

▊ 報紙

1. 〈赤崁片影／蕃薯市價〉,《漢文臺灣日日新報》,出版日期:(明治41)1908-11-07。

2. 〈臺南州內地種米〉,《臺灣日日新報》,出版日期:(大正13)1924-05-02。

3. 〈臺灣米の內地移出　實に五百萬石突破か　九月末日迄に四百七十八萬石　農民は甘藷を喰つて米を賣る〉,《臺灣日日新報》,出版日期:(昭和9)1934-10-04。

4. 〈臺南州下　內地種米試作　本年度から各郡で〉,《臺灣日日新報》,出版日期:(大正14)1925-02-05。

5. 〈南瀛零信／驅罰行商〉,《臺灣日日新報》,出版日期:(明治41)1908-12-18。

▊ 其他

1. 國立臺灣大學磯永吉學會、國立臺灣大學農藝學系編印,《蓬萊米 米壽慶─蓬萊米命名八十八週年紀念冊》,臺北:國立臺灣大學,2014。

作者簡介

邱睦容

國立成功大學歷史學系學士。關注米糧歷史、常民文化、空間研究與藝術生產，欲以當代意識重新理解過去，並為之轉譯。

著有《府城米糧學習帳》，曾參與古都基金會〈臺南市舊城區常民生活米糧文化資產調查計畫〉、內容力有限公司〈日治至戰後水利與糧政影響下的臺南市米糧文化歷史調查〉、臺南市文化局「城市潛綠體－水交社地景光合計畫」創作計畫等，現為大臺南文化資產研究員。

個人網站：http://mu-jung.com/
聯絡信箱：goonedge@gmail.com

鄭安佑

█ 學歷：

2018，國立成功大學建築學系博士

2016-2017，英國倫敦大學（The Bartlett, UCL）建築史學程研
　　　究（科技部補助博士生赴海外研究計畫）

2008，國立成功大學建築學系碩士

2005，國立臺灣大學經濟學系學士

█ 研究領域：

1. 建築史研究方法
2. 臺灣建築史、都市史、聚落研究
3. 後殖民研究與多元現代性理論
4. 地理資訊系統

█ 經歷：

2020-，國立成功大學建築學系博士後助理研究員

2020-，財團法人古都保存再生文教基金會副執行長

2019-，新營社區大學講師

2018-2020，國立成功大學建築學系博士後研究員

大臺南文化叢書第 8 輯 01

延綿的餐桌：府城米食文化

作　　者／邱睦容、鄭安佑
社　　長／林宜澐
總　　監／葉澤山
召 集 人／黃文博
審　　稿／曾國棟
行政編輯／何宜芳、許琴梅
總 編 輯／廖志墭
執行編輯／宋繼昕
編輯協力／宋元馨、潘翰德
封面設計／黃梵真
內文排版／藍天圖物宣字社

出　　版／臺南市政府文化局
　　　　　　地址：永華市政中心：70801 臺南市安平區永華路 2 段 6 號 13 樓
　　　　　　　　　民治市政中心：73049 臺南市新營區中正路 23 號
　　　　　　電話：（06）6324453　網址：http：// culture.tainan.gov.tw

蔚藍文化出版股份有限公司
　　　　　　地址：10667 臺北市大安區復興南路二段 237 號 13 樓
　　　　　　電話：02-22431897
　　　　　　臉書：https://www.facebook.com/AZUREPUBLISH/
　　　　　　讀者服務信箱：azurebks@gmail.com

總 經 銷／大和書報圖書股份有限公司
　　　　　　地址：24890 新北市新莊市五工五路 2 號　　電話：02-8990-2588

法律顧問／眾律國際法律事務所　著作權律師／范國華律師
　　　　　　電話：02-2759-5585　　網站：www.zoomlaw.net

印　　刷／世和印製企業有限公司
定　　價／新臺幣 420 元
初版一刷／ 2020 年 12 月
ＩＳＢＮ：978-986-5504-09-0　　ＧＰＮ：1010900913
分類號：C067
局總號：2020-566

版權所有　翻印必究
本書若有缺頁、破損、裝訂錯誤，請寄回更換。

國家圖書館出版品預行編目（CIP）資料

延綿的餐桌：府城米食文化 / 邱睦容,鄭安佑著 . -- 初版 . -- 臺北市：
蔚藍文化 ; 臺南市：南市文化局, 2020.12
　面；　公分 . --（大臺南文化叢書 . 第 8 輯；1）
ISBN 978-986-5504-09-0（平裝）
1. 飲食風俗　2. 歷史　3. 臺南市

538.7833　　　　　　　　　　　　　　　　　109009278